U0094602

儒道

华威儒商智慧

孔令绍 李赋春 ◎ 著

中国出版集团 | 全国百佳图书
中国民主法制出版社 | 出版单位

图书在版编目（CIP）数据

儒道：华威儒商智慧／孔令绍，李赋春著．—北京：
中国民主法制出版社，2023.3
ISBN 978 - 7 - 5162 - 3099 - 2

Ⅰ.①儒… Ⅱ.①孔…②李… Ⅲ.①儒学 – 应用 – 企
业管理 Ⅳ.①F272

中国国家版本馆 CIP 数据核字（2023）第 032929 号

图书出品人：刘海涛
出 版 统 筹：石　松
责 任 编 辑：张佳彬　吴若楠

书　　　名／儒道：华威儒商智慧
作　　　者／孔令绍　李赋春　著

出版·发行／中国民主法制出版社
地址／北京市丰台区右安门外玉林里 7 号（100069）
电话／（010）63055259（总编室）　　63058068　63057714（营销中心）
传真／（010）63055259
http：//www.npcpub.com
E – mail：mzfz@ npcpub.com
经销／新华书店
开本／16 开　710 毫米×1000 毫米
印张／18.5　字数／219 千字
版本／2023 年 3 月第 1 版　2023 年 3 月第 1 次印刷
印刷／三河市宏图印务有限公司

书号／ISBN 978 - 7 - 5162 - 3099 - 2
定价／89.00 元

序

张述存

在山东华威保安集团股份有限公司（以下简称华威）即将迎来创立30周年之际，欣闻编辑出版《儒道：华威儒商智慧》一书，我由衷地感到高兴。该书系统地梳理了荀金庆董事长及其他高管、运营团队创业的心路历程，客观总结了他们运用儒商智慧指导企业可持续发展的成功经验，全面记述了华威企业文化生根、发芽、开花、结果的曲折过程，是一部值得企业文化工作者学习交流的精品力作。在此，我对该书的出版面世表示祝贺。

华威是由国有保安公司成功改制为民营的保安集团股份有限公司，在省内外保安行业拥有良好的社会声誉和较大的社会影响力。华威，从名称和企业特性上看是"尚武"，但从企业管理内涵和管理特色上看实则"崇文"。华威从无到有，从小到大，从弱到强，历经30年征程依然保持稳健发展，其中非常重要的一点，就是得益于公司扎根儒家文化的精神高地，通过融入儒家文化精髓，形塑符合企业发展实际的企业文化。我曾于2019年9月受邀参加华威举办的首

1

届东方儒商论坛，一直持续关注其企业文化建设。华威企业文化建设给我们的启发良多，我认为突出以下几点。

一是企业家发挥了企业文化倡导者、培育者和推动者的核心作用。在企业文化建设实践中，荀金庆董事长能够率先垂范、身体力行，深入企业文化建设一线，为丰富公司企业文化内容和载体建设高位谋划，从根本上解决了企业文化建设落地难的问题。

二是儒家文化的熏陶和浸润对企业文化建设影响深远。华威扎根儒家文化精神高地，构建起完备的企业文化理念体系，并形成"打造民族品牌，创建幸福华威"的企业愿景，"为客户创造平安，为员工谋求幸福"的企业使命，"仁义诚信，立己达人"的核心价值观。华威是浸润在儒家文化下萌芽、发展、壮大的公司，其文化血脉里流淌着仁、义、礼、智、信等儒家文化的精髓。底蕴深厚的儒家文化为华威持续健康发展注入源源不断的活力和动力，仁者爱人、合作共赢的思路，以义取利、以利济世、以信为本、以儒兴商的理念，都大大丰富了华威儒商智慧"儒道"的内涵，使华威历经风雨屹立不倒，始终站在改革开放和时代发展的潮头。

三是坚持把员工主体地位作为企业文化建设必须牢牢把握的核心问题。华威针对保安行业存在的职业化程度低、从业门槛低、人员流动性大、从业人员年龄偏高、工资待遇低、职业认同感低、高素质管理人才严重匮乏、行业竞争激烈等问题，坚持从关注员工职业尊严、职业健康、职业安全和职业成长出发，将企业文化建设融入具体的业务工作当中，互融互促，通过教育培训、提升工资和福利待遇、树立工作典型、设立员工生日会、建立困难员工救助制度等人文关怀的形式，解决好吃、住及文体娱乐问题，有效地化解了员工职业发展中的问题，营造了良好的企业环境和氛围，激发了员工爱岗爱企的热情和激情，为公司应对形势变化奠定了坚实的基础。

时间的轨道上镌刻着发展的印记，岁月的年轮里隐含着承载的初心。30 年春风化雨，30 年春华秋实。《儒道：华威儒商智慧》一书，凝结着华威人 30 年来干事创业的心血和汗水，彰显了华威人的智慧和力量，深度揭示了"天人合一""以人为本""达道中和""推多取少""好学近智"等儒家思想精华与"可持续发展"理念的契合，求证儒家思想从根本上对企业可持续发展所具有的重要指导和借鉴意义。华威承载着"仁义之师"的美誉，已经大踏步走出"圣城"，走向全国，走向世界。值此"三十而立"之际，希望华威以此为新的起点，起航再出发，结合企业经营实际，不断探究企业文化建设的新成果、新思路和新方法。

习近平总书记指出："中华优秀传统文化是中华民族的文化根脉，其蕴含的思想观念、人文精神、道德规范，不仅是我们中国人思想和精神的内核，对解决人类问题也有重要价值。要把优秀传统文化的精神标识提炼出来、展示出来，把优秀传统文化中具有当代价值、世界意义的文化精髓提炼出来、展示出来。"广大企业应进一步增强文化自觉、坚定文化自信，大力推动中华优秀传统文化创造性转化、创新性发展，舍得在企业文化建设上下大功夫，致力于从中华优秀传统文化中挖掘有益的资源，充实企业文化内容，增强企业文化生命力、感染力和影响力，在推进全面建设社会主义现代化国家和中华民族伟大复兴的新征程中彰显企业独特的精神魅力。

2022 年 7 月 16 日

（作者系山东省政府参事、山东省企业文化学会会长、齐鲁文化名家、改革开放 40 周年山东社会科学名家）

三个"聚焦"赋能企业成长

陈湛匀

　　值此山东华威保安集团股份有限公司（以下简称华威）30周年庆典之际，恭祝华威在新的征途中再谱新篇。回顾15年前，我与华威创始人荀金庆董事长相识是在上海交通大学我执教的EMBA课堂上，令我印象最深的是他那种渴望学习的毅力和恒心，他每次都是最早来、最晚走，并且不耻下问，渴望把学到的知识用到企业经营与管理中。

　　华威发展到今天，经营规模显著扩大、品牌影响力及价值显著提升，这与创始人的愿景、使命、价值观始终如一息息相关，希望能把公司做成对行业、对社会有贡献的企业。这些成功都是一点一滴积累起来的。我在与华威共同走过的这段历程中，曾经倡导三个"聚焦"，创始人董事长的领导力及其坚定不移的执行力，很好地赋能企业高质量稳步发展。

　　聚焦点一：公司的战略定力。为什么有的企业长盛不衰呢？

企业在经营中的关键一点是将战略作为企业发展的导向。战略就是决策有所为、有所不为，突破企业增长的天花板，助力企业走得更远。战略可以把握行业趋势，确定企业发展方向；战略可以合理利用资源，发挥企业最大效用；战略可以帮助企业及时应对环境变化，不断调整策略，及时抓住机遇，使企业稳健发展。所谓"才根于器"，是指器具决定一个人才干的大小，而"器"就是战略。战略本质上就是解决企业的发展问题。假如企业有合适的战略定位，就不会迷恋某次机会得失，因为它学会了从机会思考向战略思考转变，注重企业长远的战略发展。

同时，企业执行战略时，在发展过程中要对聚焦和边界做动态的权衡。回顾华威的战略执行情况，自 2010 年实施第一期"一三五"规划的战略布局以来，形成了"以山东为主体，北京、上海为两翼"的"一体两翼"市场布局，从点到面夯实了区域优势，较快占据了这部分区域的保安市场。经过多年努力，"一体两翼"区域市场布局已形成，并凸显出规模化、集约化的布局优势。接着，华威的"二五"发展战略规划，坚持以市场为导向，以满足客户需求为中心，实施"调整布局、双轮驱动、转型升级、创新发展"战略，由粗放型向集约型转变，注重发展质量，提升了核心竞争力，同时也向"三区""三线"进行业务拓展，以及走国际化发展道路。

聚焦点二：公司的团队综合素质能力提升。经营一家企业，要践行"先人后事"原则，有了人才，才能更好地推动战略实施、产品销售等。人才是企业的基石，人才的数量和质量直接决定企业发展的潜力。企业经营人才的重心应放在选人与育人方面中，聚集一群德才兼备、志同道合、忠诚为先的人才共事、共生，才能有效扩大企业发展规模。同时，公司的治理机制及制度建设也在不断完善。集团公司组建商学院，大批量、高质量地培养、锻炼了一批忠诚于华威事业的管理骨干队伍，极大地提升了他们的经营理念及管理水平，为可持续发展提供了人才保障。回顾十多年前由我面试入职的大学生，在公司大力营造尊重人才、爱惜人才、留住人才、用好人才的良好环境下，通过多年发展他们现在都已成为中层干部。

企业打造有战斗力的团队人才，主要体现在管理能力、市场开拓营销能力、客户服务能力、人员综合素质等模块。在市场营销与服务当中，深入下沉而不是高高在上，通过仔细观察和经常与客户交流，了解他们的需求，从"利用他"转变成"利他"的思维来做生意，想办法让这部分客户参与项目，提供价值点，与之产生长期的价值链接，为企业带来持续的利润。

聚焦点三：公司的品牌与文化建设能力。品牌建设是抢占潜在客户心智的有力举措之一。对此，我曾提出以下几个观点：使企业强大的不是企业规模，而是潜在客户的心智地位；企业实力大小不是看你的企业产品实力有多大，而是看用户心智的占有地位；使企业成长为领导地位不是用企业自己的标准，而是潜在客户心中的标准。华威集团品牌建设当中，先找其服务细分领域的空位，突出核心业务；华威在文化建设当中，文化是管理的顶点，企业文化也能驱动员工心智，让员工与企业一条心，这与品牌建设相辅相成，共同赋能业务。华威在 2010 年为回馈社会，启动了"爱心鸡蛋工程"，设立公司保安爱心基金，在社会上引起广泛关注并收获一片好评。华威大力开展创建"模范职工小家"活动，取得了丰硕成果，2015 年被中华全国总工会授予"全国模范小家"称号，2016 年被山东省总工会授予"省级模范之家"称号。此外，华威还多次被评为省级企业文化建设先进单位。华威这一系列举动，使得员工的幸福指数明显提升，为社会发展所作出的贡献得到了人们的充分认可和高度评价，华威在社会上的影响及地位不断提升。

三十年风雨兼程，华威走过了艰苦奋斗的发展之路。希望华威在今后更高质量发展之路上迈上新的台阶。

2022 年 9 月

（作者系知名经济学家，金融学教授、博士生导师。中国商业联合会专家委员，国家自然科学基金评审专家，拟人化企业资本运营理论创始人。孵化多家企业成功上市，帮助不少企业成为行业领跑品牌。走访过100 多个国家和地区，被誉为具有国际视野的深受欢迎的实战型专家）

目　录

总论　儒道华威 / 001

第一章　勇者不惧　威行天下 / 009

儒商智慧　勇 / 011

二斤茶叶催生了一个新事物 / 015

做事就要敢为人先 / 021

"试"出来的市场 / 024

多元发展唱响"曲阜保安" / 030

理念决定飞翔的高度 / 035

走出"万仞宫墙" / 043

黄浦江畔的仁义之师 / 047

走向国际化战略 / 058

初心如磐华威梦 / 068

第二章 内诚外信 事业基石 / 079

儒商智慧 信 / 081

诚所以"成" / 088

诚信就是生产力 / 094

成功取决于执行力 / 101

赤胆热血铸忠诚 / 107

第三章 仁爱为本 立己达人 / 117

儒商智慧 仁 / 119

"仁爱"构筑温馨家园 / 124

善行义举闪耀"仁德"光辉 / 130

"爱心鸡蛋"彰显大爱情怀 / 137

逆行者风采（一） / 142

逆行者风采（二）

——上海公司抗击新冠疫情侧记 / 150

幸福华威进行时 / 157

第四章 齐之以礼 循序发展 / 165

儒商智慧 礼 / 167

与时俱进的治理机制 / 172

以人为本的制度建设 / 175

近悦远来的治理效果 / 180

强基固本的"三化"建设 / 186

第五章　好学近知　追求卓越 / 191

儒商智慧　智 / 193

企业成了大学校 / 199

趁年轻，去读 MBA / 205

陈湛匀教授给俺当老师

　　——陈湛匀教授华威培训纪实 / 209

企业处处溢书香 / 212

华威办起"一报两刊" / 215

华威处处有精彩 / 219

巨大的文化凝聚力 / 223

华威的核心价值观 / 228

第六章　荀金庆文萃 / 235

改制，让曲阜保安获得重生 / 238

儒道兴业 / 248

谈华威的国际化战略 / 253

谈华威核心价值观 / 257

谈幸福观 / 267

迎难而上，勇立潮头 / 271

特稿　谦谦君子荀金庆 / 275

后记　我为华威书华章 / 279

总论　儒道华威

　　是什么因素让华威能走到今天？《论语》有言："君子务本，本立而道生。"天下大势，浩浩汤汤，顺之者昌，逆之者亡。在当今优胜劣汰、适者生存的市场经济形势下，要想做到可持续发展，就必须遵循企业发展之"道"。

　　孔子在《易传·序卦传》中说："有天地，然后万物生焉。"他在"五十而知天命"的同时，将自己对天的体认阐发为一种社会内在的合理性。孔子主张的"天即自然"是有生命的，并且是不断创造生命的自然；"万物生焉"的"生"就是生命创造，自然界在其自身运动中不断创造生命，这就是天道。并且这里所说的"生"，不仅指生出人的形体生命，而且指生出人的德行。孔子在对"天"的解说中，衍生出人的德行，亦是天人合一思想的重要体征之一。

　　《四库全书总目提要》"易类"小序说："《易》之为书，推天道以明人事者也。"孔子对于天道的论述，其目的正是如此。《论语·泰伯》记载，子曰："唯天为大，唯尧则之。"孔子认为，作为统治者的君子应当仿效圣人，上明天道，下察民故，以天道推演出人道，用天道指导人道。孔子主张通过"人道"行"天道"，从而求得二者的统一。孔子讲的"人道"不是老子本体性质的、主宰意义的"道"，而是传统意义的"道"，即人的伦理规则。人所能及的是人的经验、知识、情感、理性等，人只能通过这些方式去了解世界，这就是通过"人道"彰显"天道"。

孔子以"人道"行"天道"，首先肯定的是个人的行为主体性。子曰："人能弘道，非道弘人。""道"并不是说已有一个现成的道路存在，等着人去行走，而是要人去走出自己的道路。人的生存总是呈现为一定的"道"。如何才能体现"天道"？这就是孔子学说中的核心"仁"所能及的，即修身以求达于"天道"。

修身以达天道，彰显的正是孔子的"天人合一"理念。孔子最早涉足探索"天人合一"观，《易传》中讲的"天"就含有自然之天之意，其基本内涵就是"尽人事""听天命"，亦即既顺应客观规律，又奋发向上积极作为。直到北宋时期，张载才正式提出这一概念。

日本企业家松下幸之助曾经说过："在事业经营中，诸种因素都很重要，如技术力量、销售能力、资金的作用及人员，等等，但最基本、最重要的乃是正确的经营观念。"

我国改革开放以来的实践表明，中国中小企业的平均寿命为3年到5年。2005年6月30日，中华全国工商联合会发布的中国首部民营企业发展报告"蓝皮书"显示，20年来，中国每年新诞生的企业接近10万家，但其中60%的民营企业在5年内倒闭，85%的企业在10年内消亡。

企业的倒闭现象屡见不鲜，那么企业难以持续发展的深层次原因究竟是什么呢？实践证明，这些企业中很少是因为竞争激烈而倒闭的，多数失败的企业是由于内部问题，而不是外部问题。企业难以做到可持续发展，究其根源就是企业的"无德"或"失德"。《礼记·大学》有言："德者本也，财者末也。"就是强调"德"才是个人、家庭、企业和社会可持续发展的根本。因此，为了避免企业的衰亡，就要从培养企业伦理道德入手，在企业经营中，逐步探求企业的可持续发展之道，其中的关键就是树立敬天爱人的经营理念。

"敬天爱人"正是儒家"天人合一"理念和仁爱思想的体现。孔子提出的"天人合一"观念，是使"尽人事"与"听天命"相互补充。孔子的思想体系可以说是中国古代最早研究现实"人道"的大学问，从研究"人道"出发所赋予的"天"的含义，就是"自然之天"和"哲理之天"居主导方面。这个传统经孔子和历代儒家学者倡导，已成为中华民族文化心理的一个重要特点。孔子强调，先有天有地，之后才生成万物，而生成变化之万物皆有自身发展之客观规律可循。因此，"敬天"就是"听天命"，就要始终遵循自然规律，而不能违背自然规律；"爱人"就是"尽人事"，无论做任何事情，都要做到以人为本，企业管理就要首先处理好内外人际关系。这个理念符合宇宙的平衡法则，既是实现人与自然、人与人之间和谐的根本指导思想，也是企业实现可持续发展的真正源泉。

要做到"敬天爱人""天人合一"，企业的经营就应该具有高瞻远瞩的使命和宗旨，爱护自然环境，保护地球资源，使子孙后代能够永续发展和安居乐业。要致力于使所有利益相关方都受益，不仅要关心自己的股东、关爱自己的员工，更要以仁爱之心对待顾客、供应商、经销商等各个利益相关方，实现真正的双赢、多赢。

为了做到这一点，华威的创始人带领企业所有成员修身养性、践行仁道。儒家文化以"仁"作为君子修身的最高准则，如果企业中从最高领导者到中层管理者乃至基层的每一位员工都真正具备了一颗仁爱之心，克服贪婪之心，时时处处为他人着想，先考虑他人的需要、顾客的需要、大众的利益，乃至子孙后代的利益和自然环境的平衡，而不是先考虑自己或本企业的一时私利，那么企业一定不会陷入衰亡的境地，而是会朝着可持续发展的宏伟目标前进，以致达到辉煌的理想彼岸。

怎么样才能把儒家的仁道水乳交融地落实到企业的运行机制上？在数十年的艰难求索中，华威运用中国的古老哲学让儒学之道落地生根。

有一种哲学思想，数千年来始终形塑着中华民族的自我意识，支配着中华民族的生存样式，构成了中华民族特有的民族心理和民族性格，它便是中和。

孔子的思想体系由仁、礼、中庸三个基本范畴构成。然而，在这三个基本范畴中，仁是道德哲学，礼是政治哲学，只有中庸才是纯粹哲学，中庸作为用中之道成为孔子的最高方法论。

《论语》记载，子曰："中庸之为德也，其至矣乎！民鲜久矣。"中庸是孔子仁本哲学中的思想方法论。中，不偏，中正，中和；庸，用，常；中庸即是"用中为常道"，也就是说，做事情自始至终都要做到中正中和，不偏不倚，无过无不及，恰到好处，尽善尽美，不走极端。

孔子思想中"和"的思想的本质是和而不同。和而不同是孔子思想中重要的哲学思想。《论语·子路》记载，子曰："君子和而不同，小人同而不和。"意思是说，君子和谐相处却不盲目苟同；小人盲目苟同却不和谐相处。什么是"和"？什么是"同"？孔子认为，保持矛盾对立面的和谐叫"和"，取消矛盾对立面的差异叫"同"，"和"与"同"有原则性的区别。也就是说，"和"，是承认事物双方有矛盾、有分歧这个前提，在化解了矛盾和分歧之后，达到了思想的和谐与目标的一致；"同"，是掩盖了矛盾和分歧，在未化解矛盾和分歧的情况下，表面上假装"和"，事实上是不和。与孔子同时代的晏婴曾详尽地分析过这个区别。《左传·昭公二十年》记载，齐景公问晏子，梁丘据这个人与我算得上是和吗？晏婴回答说，只能算是同，算不上是和。为什么呢？君说可以的事情，如果其中有不可以的地方，臣就应该提出不可以的意见并加以完善；君说不可以的事情，如果有可以的理由，臣就应该提出可以的意见并加以修正。梁丘据则不是这样的。君说可以的，他也说可以；君说不可以的，他也说不可以。就好像水与水做成的汤，有什么味道呢？又好像五音只有一种，有什么听头呢？

孔子把中庸称为"至德"，看作人类的最高生存智慧。孔子认为，人的本质是仁，而仁的本质是中庸。中庸、中和是内在之仁与外在之礼的统一。仁、礼、中庸三者之间，正是中庸构成了仁和礼的本质和原则。仁和礼实质上从内外两方面使人际关系处于一种中和状态，从而赢得人际和谐、社会有序。儒家文化本质上可以称为中和文化，儒家哲学的基本形态是中和哲学，中和哲学在一定意义上蕴含着破译中华文化的关键密码。

儒家中和哲学作为儒学文化和民族文化的核心，正在于它为中华民族提供了最一般的价值观和方法论。儒家中和观是儒家价值观和方法论的高度统一和集中体现。儒家中和观的"中"，侧重凸显了中华民族根本的思维方式。"中"标志的是事物存在和发展的最佳结构、最佳关系和人的行为的最佳方式。执其两端取其中的"执两用中"的中庸是中华民族在构建和调节主体与客体和谐关系的最一般方法论原则，并进而形成一种惯性思维定式、一种稳定的思考样态和方式，也就是我们常说的思维模式。儒家中和观的"和"，标志着事物存在的最佳状态，它所具有的和谐、协调、平衡、秩序、协同、和合的性质体现了儒家和中华民族根本的价值取向和追求。追求人际和合、天人和合、身心和合是中华民族的根本理想，"和为贵"是中华民族的最高信条。我想，华威在其企业的治理与运营过程中，大概就是找到了这条儒家之道的真谛。

现在不少人把儒家的中和或中庸思想视为保守的，以为是一种折中主义、调和主义的哲学，殊不知真正的儒家中和哲学是富有积极进取、勇于变革精神的。中庸提供了中国人化解矛盾、优化生存的最根本方法，提供了一种中华民族最合理的生存样式。当然，"中"与"和"的价值观与方法论功能不是截然分开的，而是相互渗透、相互兼容、相互交融的，很多时候是"中"里包含了"和"，而"和"里也包括了"中"。中和高度体现了中华民族的生存智慧，构成了中华民族的鲜明品格，塑造了中华民族的精神风骨。中和是中华文化皇冠上的明珠，它深广地沉降浸透在丰厚的民族心理、民族习俗、民族性格中。中者，天下之大本；和者，天下之大道。

在我与华威掌门人荀金庆30余年的交往中，很多时候我都感到百思不得其解。一个空军飞行教官，他骨子里应该充溢着多少刚性？一个军官转业到公安局做了多年办公室主任，本应顺理成章地成为局级领导，他却去做了保安经理。在那个"官本位"思想依然很盛的年代里，他的内心平静得却没有一丁点儿涟漪。当我深度解读了从孔子到董仲舒，再到朱熹的中和观之后，对一直学儒、尊儒、崇儒的荀金庆忽然刮目相看，他柔软的身段里透发出的是他身心和合的气息。他内在的仁德与外在的守礼使他的"身"与"心"达到了中和的最佳状态。身心和合是基础、是前提。从这个基点出发，他去追求他与公司员工人际关系的和合，以致无论级别、无论贫富、无论新老，所有人都拿他当亲人和主心骨。从这个"中"点出发，他和他的员工都去追求与社会的和合。结果，他的企业越做越大，越做越强。

儒学之道并不是什么束之高阁、玄而又玄，让人摸不着头脑的高深理论，它就在我们身边，俯拾皆是，只是许多人没有很好地珍视而已。但华威做到了。

第一章

勇者不惧　威行天下

儒商智慧 勇

中国古代的儒家学说归根结底就是一部人学，也就是关于做人的学问。在儒家思想体系中，孔子明确提出了"知、仁、勇"三项道德标准。孔子说："知、仁、勇三者，天下之达德也。"这三种道德品质是无论什么时代都不会改变的人类最基本的美德。在孔子看来，知、仁、勇是一个道德体系，它们相互融合、相互制约、相互作用。勇是在仁爱信念驱使下，所体现出的一种无所畏惧的行为和精神。

孔子说："知耻近乎勇。"（《礼记·中庸》）勇是一种意志，它来自耻感，一种强烈的情感。耻感分为两种：一种是在自己的行为中感受到的，是深刻的罪责感；一种是别人施与自己的，是巨大的委屈感。由罪责感而奋起，叫大勇；由委屈感而发作，叫小勇，孟子称"匹夫之勇"。孔子弟子中，子路最好勇。"孔子之宋，匡人简子以甲士围之。子路怒，奋戟将与战。"（《孔子家语》）因彼强我弱，孔子劝阻了子路。孔子与子路就是大勇与小勇的区别。

两种勇的根本区别就在于仁。仁即仁爱。大勇来自对他人的担当，从仁爱的基点出发，关心他人，关爱大家，承担起个体对他人的责任，表现出的是利他行为；小勇来自对自己的担当，从私欲出发，表达个体意志，承担对自我的责任，表现出的是利己行为。

苏轼在《留侯论》中说道："天下有大勇者，卒然临之而不惊，无故加之而不怒。此其所挟持者甚大，而其志甚远也。""大勇"者，他所关怀的比起自我的宠辱得失更为深远，在对天下社稷的关怀中，自我的委屈得失消失了，所以才能对别人强加于他的羞辱不怒不惊。大勇先于个体性产生，如同一股不知从何而来的力量，没有对自我安全的担忧，用孔子的话说，就是"仁者不忧，勇者不惧"（《论语·子罕》）。仁爱之情是无我的，只去操心别人，从不忧虑自己。来自仁爱之情的勇没有恐惧，不害怕自身存亡得失，只心系他人生死忧患；反之，出于自身忧虑的勇，不可能做到不惧。

大勇的客观效果是利他。孟子在谈到大勇时曾列举了一个鲜活的事例。武王之勇，源于"一人横行于天下"之耻，这种耻感源于对天下百姓的罪责感。商纣王没有这种罪责感，是周武王替他承担了罪责感。因此，周武王的这种罪责感是超越了个体区别的，是关怀天下、浑然无我的仁爱情感。所以，周文王、周武王

"一怒而安天下之民"，这种勇带来的结果是天下的安定。

孔子认为，勇的表现形式是义。那么，到底什么是"义"呢？《论语》中多次提到义的概念，而孟子对此又有了新的发展。其实，孔子的"杀身以成仁"，孟子的"舍生而取义"，都是在用生命的价值向内心最向往的道德境界攀登。虽概念不同，但殊途同归，都折射出人性的光辉。在他们看来，"义"就是按照道德的要求来判断某种行为是否应当的标准。进一步说，"义"就是关于社会秩序的原则和规范，这种原则和规范赋予每一个人在社会中的具体职责、义务和行为规范。人们的行为符合这种规范就是"义"，否则就是不"义"。孔子说："见义不为，无勇也。"（《论语·为政》）如果一个人知道什么是义，而不去行动，就说明他没有勇。勇是见义而为的充分条件，只要有勇，就会有义。

勇发乎仁，适乎礼，而止乎义。见义勇为的人，首先是有了仁心，然后再去作为。仁是义的主体，义是制约、调和仁和礼的客观标准。"仁者，义之本也……为礼不本于义，犹耕而弗种也。"这就是说，仁与礼都需要义来节制。"子路曰：'君子尚勇乎？'子曰：'君子义以为上。君子有勇而无义为乱，小人有勇而无义为盗。'"（《论语·阳货》）孔子这里表达的不是尚义而不尚勇，因为他深知子路过于骁勇以惹灾祸，所以才说"义以为上"。孔子告诫他，应该用义来约束勇，勇如果没有义来约束，那就是无原则的勇，是违背了社会秩序和规范的勇。这种勇，不管对君子还是小人，都将有害无益。

在儒家思想中，勇是道德，更是意志和力量。实际上，"智"和"仁"离不开"勇"，孔子说的"杀身成仁"，孟子说的"舍生取义"，离开了"勇"就实现不了目标。但是，"勇"也不能离开"仁"。"勇"若离开"仁"，就势必成为背弃道义之勇。"勇"也不能离开"智"，若离开了"智"，就成了有勇无谋的一介武夫。在追求仁爱的前提下，"智"与"勇"两者互补，方可成为智勇双全的人才。儒家的完美人生境界就是"知者不惑，仁者不忧，勇者不惧"。

荀金庆和他的同事们正是在儒商智慧"勇"的这个起点上开启了他们创业发展的艰难跋涉。

现在，就让我们品味着这一理念，徐徐走进这家 30 年经久不衰的企业。

时代成就华威，华威为时代添彩。1993 年 4 月，华威的前身曲阜保安服务公司成立。30 年后的今天，她已成长为名扬中外的山东华威保安集团，成为国内保安行业的一面旗帜。遍布全国的9000 多名华威保安队员，更是用他们的青春、生命诠释着"华威保安"的职责和使命，为万千客户的安全与发展保驾护航，成为时代前行中一抹亮丽的风景线。

同在一个城市，我与华威相识相知 30 年，目睹了华威保安从无到有、从小到大、从大到强的发展历程。从租来的几间简陋平房，到现在巍然屹立的集团总部大楼及办公场地，资产从零到亿；从单一的人防，到技防、犬防、汽车驾培、通用航空、国际保安等多元发展的全方位保安服务；从狭小的曲阜市场，到以山东为主体，上海、北京为两翼的"一体两翼"市场格局；从曲阜的华威，山东的华威，中国的华威，到走向世界，为"一带一路"保驾护航。再回头看看同时期创立的企业，许多已消失在历史的滚滚潮流中。巨大的反差，令人对华威满怀敬意。

翻阅数量庞大的华威发展资料，走访数百名华威员工，倾听集团董事局主席荀金庆等公司领导对华威发展历程的描述和感悟，脑海中反复浮现着"华诚致远，威行天下"这八个字。这是对"华威"的精辟注释，也是华威的精神。面对"一穷二白"的开局，市场的冷漠，同业竞争的残酷，体制禁锢的焦虑，华威人表现出了"勇者不惧"的君子情怀，勇于探索，勇于开拓，勇于创新，勇闯天下！

子曰，仁者必有勇。华威根植于儒家文化的发源地、至圣先师孔子故里，儒家文化的浸润让这支"威武之师"彰显"仁者之勇"的文化优势，那些创业、发展过程中的矫健步伐和感人故事，诠释着儒商精神，展现着一个具有高度社会责任感的企业的现实和梦想。

二斤茶叶催生了一个新事物

1978 年，中国跨入改革开放的新时期。"三资"企业迅速发展，民营经济异军突起，商业性文体、展览展销等活动增多，社会对安全防范的需求日益增长，而现有的安全防范力量无法满足社会各界对安全的需求。尽管公安机关长期超负荷运转，仍无法从根本上改变局面。究其属性，公安机关作为国家职能部门，是人民民主专政的工具。从其职责性质和工作任务来看，也不适合为社会各类经济组织提供无偿服务或具体的商业性服务。社会各界对安全需求的日益增长与现有安全防范力量无法满足社会需要的现实，使得保安服务业应运而生。

1984 年 12 月 18 日，深圳市蛇口保安服务公司的成立，标志着中国现代保安服务业的诞生，它为我国新形势下加强群众性安全防范工作闯出了一条新路，为特区治安管理解决了一个难题，在短期时间内即受到"三资"企业的欢迎。1985 年 1 月，经中共中央批准的全国政法工作会议文件指出："借鉴国外经验，在大中城市创办保安服务公司，承担大型营业性展览、展销和文体活动，以及外商独资、合资企业的保安服务，建立这样一个在公安部门直接领导下的服务公司，既能满足社会需求，有利于治安管理，又有利于缓和警力不足的困难。"

为了推动、规范全国保安服务业的发展，1988 年 7 月，公安部报经国务院批准，正式向全国各地印发了关于组建保安服务公司的通知，就创办保安服务公司的一系列问题作了原则性规定。在公安部的指导下，全国保安服务业从沿海到内地，从南到北，由点到面迅速发展起来，大连、厦门、北京、上海等 20 多个城市相继组建了保安服务公司。

20世纪80年代，在改革开放的大潮中，孔子故里、历史文化名城山东省曲阜市同样迸发出无穷的活力。作为中国改革开放后第一批对外开放的甲类旅游城市，中外游客纷至沓来，重大活动越来越多，工商企业蓬勃发展，安全保卫需求日益增多。公安部报经国务院批准下发的《关于组建保安服务公司的报告》以及各地保安服务公司的组建，让曲阜市公安局开始酝酿组建本地的保安服务公司并付诸行动。

苟金庆，曲阜保安服务公司创始人，现任华威保安集团董事局主席，当时担任曲阜市公安局办公室主任。办公室主任这个职务，工作千头万绪，成天忙得不亦乐乎，但最让他头疼的还是吃紧的办公经费。比如接待，根据规定不允许大吃大喝，但来了客人倒杯茶水还是必需的。"公安局办公经费紧张，连买斤茶叶的钱都没有，经时任局长批准，只好每月到局下属的一个小企业'七六五'铜件厂报销二斤茶叶。"每每说起当时的窘境，苟金庆都会讲起这个"二斤茶叶"的故事。

当时正值改革开放初期，机关允许办经济实体，局里各科室也就八仙过海，各显神通。一则响应号召，带动、活跃商品经济；二则也想补充办公经费。办公室也想着开办经济实体，然而有两个门槛过不去：一是事务繁杂，人手紧张；二是也没有合适的项目。但是，每月到铜件厂报销二斤茶叶，的确让苟金庆如芒在背。

收到公安部的文件，荀金庆喜出望外，如获至宝。他感到解决办公经费困难的机遇来了。但当时没有资金，没有场地，没有经验，完全是"一无所有，一穷二白"。

但这些困难难不倒有着军人素养的荀金庆。他 17 岁入伍，从战士、飞行学员到副营职飞行教官，17 年军旅生涯，锻造出他坚毅果敢、勇于担当、勤奋自律的品格。1982 年，他转业到曲阜市公安局，先是任预审股股长；1984 年 8 月开始担任办公室主任。此时的荀金庆，已届不惑之年，可以说人情练达，年富力强。在他的意识中，"自力更生，艰苦奋斗，就是创业者的本色"。没有资金，就先从小做起；没有项目，就从调研开始。走访中，荀金庆发现，社会上汽车日益增多，被盗案件也与日俱增，南方已广泛普及的汽车防盗设施在曲阜还是空白。

说来也巧，荀金庆从时任局长那里得知，他一个陕西的朋友所在的厂子生产汽车防盗报警器。经过联系，厂方同意赊给荀金庆部分防盗报警器先作安装。

发现市场，找到机遇，说干就干。1988 年 6 月，荀金庆招聘了两名员工，开始安装汽车防盗报警器。他亲自跑市场，联系客户。一辆三轮车，几样工具，两个员工，这就是"华威"的萌芽期，他们在"摸着石头过河"。

"当时，我和李奉水一天从早上忙到天黑，累，但也很充实，很快乐。"两名员工之一的毕景涛，当时只有 17 岁，刚刚初中毕业，现任安防公司技术主管，在华威工作 30 年，说起当时的工作情形，仿佛就在昨天，历历在目。

迈出第一步，感知到了市场的脉搏与冷暖，这让荀金庆认识到，这个小生意解决"二斤茶叶"的事当然不在话下，但要从根本上改观办公经费紧张还只是杯水车薪。在一个地区，"报警器"市场的蛋糕就这么大，业务逐渐式微是必然的。况且，还有"洼地效应"，竞争也将越来越激烈。要从根本上解决问题，就必须再上一个台阶，形成自己的"核心竞争力"。

荀金庆认真研读公安部的文件，从有限的资料中了解广东等地开办保安公司的经验，走访职能部门、企事业单位，寻求市场商机。循着报警器的经验，他们发现企业和村镇治安机构缺少保安器材，就连购买都要到济南、徐州等地，更不要提维修了，实在是费时费力又费钱。如果在本地成立一个保安器材服务部，那不就填补了这个市场空白吗？

说办就办，荀金庆马上找到时任办公室副主任张平安研究可行性方案，寻找切入点。

张平安，一位30岁的年轻人，为人忠厚朴实，思维敏捷，在办公室分管通信工作，与荀金庆是多年的老搭档，擅长维修电器，经常为别人义务修理电视机、收音机等家用电器，还给公安系统修理电警棍等器材。如果成立保安器材服务部，既能让他的特长得到发挥，还可创收。荀金庆的想法一提出，两人一拍即合，很快制定了启动方案。

荀金庆向时任局长作了专题汇报，提交了创办保安器材服务部的可行性报告。主题就两件事：帮助治安机构解决保安器材采购和维修方面的困难，同时通过创收解决局办公经费紧缺的难题。

这一"解决困难"的提议，局长当即拍板同意。

1989年1月，荀金庆在老东门大街租赁了3间门面。说是租赁，也没钱交房租，先靠信用赊欠着；没有钱雇人干活，就自己人上。整修墙面门窗，批泥子刷大白，托朋友关系借来几节柜台货架。荀金庆了解到徐州市公安局开办了一家保安器材门市部，就与张平安到徐州考察学习，并借机赊来了部分保安器材。半个月的时间，一切筹备停当，虽然简陋，但器材、服装、警械、通信设备一应俱全，销售人员、维修人员整齐到位。

"一开始，这个服务部所进的货是荀主任赊来的。"今年90岁高龄的丰宗岑老先生感慨地说。服务部成立时，他刚刚从拘留所所长的位置上退休，被荀金庆招聘过来当会计，一干就是十几年，对服务部的前世今生有着深深的感触。

1989年1月，曲阜市第一个保安服务组织——曲阜市保安器材服务部宣告成立，人员有张平安（兼）、毕景涛、庞新泉、陈学玲、李奉水、丰宗岑六人。服务部归属局办公室领导，荀金庆是实际上的总负责人。

1990年3月，曲阜市看守所武警战士杨中河退伍后被招聘到服务部。这位1985年入伍、1988年入党，在部队服役5年的优秀战士，到岗后先是管理仓库，而后负责市场营销工作。在他的努力和带动下，服务部经营开始走出曲阜，业务扩展到邹城、兖州等地，业绩大幅提升。这位血气方刚的年轻人，执着坚韧，勤奋好学，敬业爱岗，随着公司的发展壮大，一步一个脚印，从经理、副总经理、副总裁，到现任华威保安集团总裁。

凡事预则立。当时，保安服务行业还是个新生事物，服务市场的机制和项目尚不健全，他们就一个一个地加以解决。当地企业想为保卫人员配备统一制服，找不到地方买；对讲机坏了很久，找不到地方修……在这一情形下，服务部准备充分，服务热情周到，一开业就得到了众多企事业单位的认可和支持，保安器材经营红红火火，社会效益、经济效益获得双丰收。

1991 年 6 月，保安器材服务部自行出资 3 万元，在五马祠街新建门面房 6 间。而后服务部迁入该地经营，至此，终止了靠租赁经营的历史。自 1989 年 1 月至 1992 年 12 月，服务部员工从最初的 2 人发展到 11 人。

保安器材服务部不仅彻底解决了"二斤茶叶"的问题，还为曲阜市公安机关提供了部分办公经费，缓解了公安办公经费困难的局面，同时也为未来保安公司的发展奠定了基础。

做事就要敢为人先

保安器材服务部的经营成功并没有让荀金庆满足。此时，乘势而上，成立曲阜保安服务公司的想法，已在他的脑海里成型。1992 年，荀金庆以敏锐的目光，从社会治安防范的视角向曲阜市公安局党委提出了组建保安公司的建议。在向局长汇报时，荀金庆说："公安部文件要求各地建立保安公司，曲阜市作为对外开放的窗口，我们应该组建成立保安公司，经营好了不但有社会效益，还可以产生一定的经济效益，一举两得，是个好事情。"荀金庆的建议得到了局党委的认可。

1992年5月7日，曲阜市公安局向市政府提交了《关于建立保安服务公司的请示》，正式开启了保安公司创立的程序。然而，进程并不顺利，报告上去了，犹如石沉大海，两三个月没有回应。其时，保安公司还是新生事物，"第一个吃螃蟹"是有风险和代价的。市领导对成立保安公司心存疑虑。

为了尽快拿到市里的批复，局长与荀金庆带上厚厚的资料，向时任市分管领导作了专题汇报，详细介绍了"深圳蛇口保安"的成熟经验；分析了曲阜市经济形势，特别是旅游市场的快速发展与治安力量不足之间的矛盾；陈述了盗窃、诈骗、流窜犯罪成倍增长的现实以及部分企业失窃严重等情况。市领导听完汇报，很受触动，当即表示："你们履行程序吧。"

1992年9月，曲阜市公安局党委再次召开专题会议，专门研究保安公司筹备工作，局长、分管刑侦和分管内保的副局长等分别阐述了成立保安公司的必要性，形成了一致意见。同时，确定由办公室主任荀金庆负责筹建工作。

1992年10月10日，曲阜市公安局再次向曲阜市政府、济宁市公安局提出组建曲阜保安服务公司的请示。10月13日，曲阜市计委批复同意，确定曲阜市保安服务公司"属全民所有制企业，该公司独立核算，自负盈亏，隶属曲阜市公安局主管"。

1993 年 1 月，山东省公安厅以鲁公治〔1993〕5 号文件正式批复，同意设立曲阜市保安服务公司。保安公司的筹备工作进入实质性运行状态。

千军易得，一将难求。谁来担任总经理，组建并带领保安服务公司走稳走好，成为局领导思考的新问题。

筹建工作是荀金庆负责，前期保安器材服务部也是他经营与管理。荀金庆具有超前敏锐的市场意识，厚重的文化底蕴，按说，由他担纲最为合适。但他担任办公室主任已经 9 年，在这个重要岗位上兢兢业业，任劳任怨，取得了公认的评价。再加上他 45 岁的年龄，年富力强，在系统内还有很好的发展空间。

"我负责筹建，是办公室主任的本职工作，但做总经理，还真没想过。"30 年后的今天，荀金庆说起当时就任总经理，还是觉得吃惊。然而，职责与使命就是这样，无所谓偶然还是必然。

1993 年春节过后，局领导班子调整。一天，新任局长找荀金庆谈话，他开门见山，张口就问："谁能当保安公司的总经理？"

"我拿不准。"荀金庆虽然负责筹备工作，但还真没有考虑过经理人选。

"保安器材服务部是你和张平安办起来的，公司总经理，我看你就是最合适的人选。"局长态度认真地说。

"我还真没有思想准备，让我考虑一下吧。"荀金庆没想到局长会点他的将。

在去不去保安公司这个问题上，荀金庆的确有些纠结，从经营上讲，自己或许就是合适的人选，毕竟保安公司是新生事物，公安系统懂经营的人还比较少；从工作难度上讲，现在的办公室工作是轻车熟路，而成立保安公司，首先面临着三大难题，资金、场地、运营，都需要探索解决。但作为共产党员、转业军人、公安民警，首先就是要服从命令，听从组织安排；其次就是不惧困难，迎难而上，敢于担当。荀金庆知道这是一项具有挑战性的事业，既然组织上信任，就要坚定不移地去应对这项挑战。

第二天，荀金庆找到局长，郑重其事地表示："我服从组织决定。"

1993 年 4 月 27 日，曲阜市保安服务公司正式挂牌成立，市公安局任命荀金庆为总经理，张平安、何常安为副总经理。成立仪式在曲阜市五马祠街公安局原址隆重举行，省公安厅、济宁市公安局、曲阜市委市政府领导出席仪式，市公安局局长讲话，荀金庆作了筹备工作报告及表态发言。

临阵受命的荀金庆同他的战友们就这样开始了艰难的创业历程。而这一天，4 月 27 日，也被确定为华威保安集团的创立日。

"试"出来的市场

万事开头难。真正的"难"，不仅仅是看得到的硬件、资金，还有要迈出的第一步。

公司成立了。说是公司，其实还是个空架子。一没有办公场地，二没有启动资金，三没有运营经验。靠着借来的一点儿经费，临时租赁驻军闲置的 8 间破旧营房作为办公和营业场所，到局废品库里找出一些缺角少腿的桌椅，修理一下就成了办公桌椅。唯一的交通工具是保安器材服务部购买的一辆破旧的客货两用汽车和公安局即将报废的一辆三轮摩托车。

"1993 年，雨季来得早，雨量大，记得当时下大雨，房屋因年久失修，外边下大雨，屋里下小雨，外边雨停了，屋里还在下。荀总他们有时候就是打着雨伞开会。"现任集团总裁杨中河回忆起当时的情景，依然还很感慨。

满怀着对未来的美好期望和为经济社会发展保驾护航的初心，荀金庆带领同事们科学筹划，排除困难，迅速迈上了坚实的创业之路。

1993 年 5 月，保安公司发布"英雄帖"，招收现代"保镖"，一时报名者云集。为保证保安人员具有较高的政治、业务素质，他们严格标准，精挑细选，从 300 多名报名者中选拔出 53 名，成为首批保安队员。这 53 名队员，一部分是部队复退军人，特别是武警战士，还有刚从学校毕业走向社会有一定武术基础的青年，平均年龄 21.6 岁。

接着，就是一个月的高强度训练。针对这批保安员 80% 是复转军人的特点，公司按照部队军人的训练规定，高标准、严要求，狠抓强化队员的体能训练。为了磨炼队员的意志，组织队员骑自行车到 5 千米外的南沙河训练。晨练，迎着东升的旭日；收操，伴着满天的星辰。为了让队员规范掌握每一个动作要领，要千百次地纠正、重复。滂沱大雨中，队员们齐声呐喊，一次又一次地扑倒在泥泞中，分不清脸上是雨水还是汗水；坚硬的水泥地上，队员们踢、摔、躺、卧，身上的血水黏在衣服上，每天脱衣洗刷时，简直是一种痛苦的折磨。由于当时条件有限，队员的伙食经常是馒头加咸菜，晚上回宿舍休息时，有年龄小的队员连饿加累，经常睡不着觉哭出声来。尽管这样，全体队员也始终保持着一种乐观向上的精神状态，以高昂的斗志迎接每一天的挑战。

1993 年 6 月 22 日，第一批队员举行了结业汇报，整齐划一的队姿，娴熟有力的动作，一支坚强的队伍展现在观摩演练的局领导及社会各界代表面前，得到全场一致称赞。公司上下士气高昂。队伍有了，市场客观存在，南方已有成功的经验，队员分下去，也就算是走上坦途了。

此时，令人意想不到的事情发生了，第一批保安队员培训完毕后竟没有前来聘用的客户。这一现实无疑是给满腔热血的公司领导从头上浇下一盆冷水。其实，那时候人们对保安还不了解，只是以一种新奇的目光注视着一群头戴大盖帽、身着藏蓝色服装、腰系武装带的年轻的保安队员，却不知道这支队伍到底是干什么的。分管保安的副总经理何常安负责联系客户，结果跑了十几个单位，都说这个机制好、办法好，但就是不敢签聘用协议。

分析原因也很简单：企事业单位对保安的概念还很陌生，甚至还有些排斥。对于聘用外人保卫自己，有些不放心。再者，用自己的人做保卫，也是单位的老传统。

人员派不出去，没有收入，对于"一穷二白"的保安公司无疑是雪上加霜。保安队员中就出现了一些躁动，有些人担心没有工作岗位，拿不到工资。此时，稳定军心，寻求突破，迫在眉睫。

荀金庆心里明白，我有金刚钻，还怕揽不着瓷器活？但眼前的困难也是时不我待。面对大家有些沮丧的情绪，荀金庆在大会上向队员们承诺："大家不用担心，不论你们什么时候派出去，我借钱也会给大家照发工资。"

从上任的第一天起，荀金庆就深深地意识到，保安能不能发展，关键在于诚信，在于良好的服务质量。通过学习开会，公司领导班子统一了思想，统一了认识，保安事业要发展，首先必须树立诚信意识，搞好优质服务，方能赢得客户的信赖，树立起曲阜保安的良好形象。早在2500多年前，孔子就提出了仁义诚信、立己达人的思想学说。公司成立在孔子的家乡，更应该做到仁义诚信，欲要立己，必先达人。

这时，荀金庆叫上公安局分管内保的王副局长，马不停蹄地挨个单位跑，向单位领导宣传保安的性质、作用和优势。对于大家提出的"你们的保安管不管用"的诸多疑问，荀金庆的回答斩钉截铁："管不管用，试了就知道！"荀金庆表示，如果你们试了以后，认为保安不行，我把保安撤走，分文不取。

走访中，他们了解到曲阜市水泥厂地处防山，离城区较远，周边都是农村，治安问题复杂。厂里有人内外勾结，靠厂吃厂，导致水泥、原材料丢失严重。还经常发生到厂里偷摸、哄抢的事件，看门的内保根本管不了。厂长孙建成是山东工业大学毕业的高才生，年轻有为，有境界、有格局、有魄力，经常去南方出差，了解南方保安发展情况。果然，孙建成爽快地答应："先聘5名保安试试。"

就是这个"试试"，掀开了曲阜保安发展的第一页。

1993年7月2日，孙凡华等5名保安员"雄赳赳、气昂昂"地走进了曲阜水泥厂的大门。一上岗，厂内情形立马别开生面。立正、敬礼、询问、登记，一系列动作整齐有序、热情周到，厂内员工凭证出入，厂外人员不得随便出入，物资凭出门证放行。

这一招，首先给过去偷偷摸摸溜入场区顺手拿拾的人来了个下马威。大门进不去，有些人就翻墙。翻墙，被逮住就重罚。群攻，他们不是保安的对手，在交锋中一次次败下阵来。保安队员依法值勤，在改变职工出入厂区不下车、不接受检查的旧习的同时，加强对出入厂区的人员和车辆的盘查，对厂区内的财务部、仓库等实行全天候巡逻守护。检查车辆，保安员不顾灰尘飞扬，爬上货车把多装的水泥一袋袋卸下来。一些不法之徒费尽心机向外偷拉废铁、煤炭，被保安队员慧眼识破。铁面无私、不留情面的管理，让"曲阜保安"第一次亮相就震慑了违法犯罪分子，曲阜水泥厂治安秩序明显改观。社会上人们也第一次知晓什么叫"保安"。

　　曲阜保安，在水泥厂一炮打响。"保安一身正气，纪律严明，敢管敢抓，是新时代名副其实的保护神。我们花钱请保安，保住了财产物资，就等于增加了经济效益。一个字，值。"孙建成厂长对保安给予了充分肯定和高度评价。而后，水泥厂聘用的人员由5人增加至20人，将门卫、巡逻全部交给保安公司承担。

　　客户接踵而至，50名保安很快被聘用一空。因为第一个聘用保安的是金塔王水泥厂，因此，在华威发展史上，他们将这一节点称为"金塔王效应"。近年来市商业大楼周围的摊点剧增，几乎把大楼包围了，顾客进不去也出不来，严重影响了经济效益，成为老大难问题。经理张德君抱着一线希望找到保安公司，公司欣然承诺，派出15名保安员，按照市里"门前三包"的规定，从维护客户利益的立场出发，对不合理摊点进行清理整顿，对自行车采取免费存放措施。保安员在大楼内外进行巡逻，购物环境安全舒适，治安秩序明显好转，顾客普遍反映良好，大楼营业额明显提升。见到前来巡视保安工作的荀金庆，张德君紧紧握着他的手，激动地说："感谢你们解决了我们的老大难问题。"

　　1993年底，保安公司服务的客户发展到曲阜市水泥厂、曲阜市啤酒厂、曲阜市无线电厂、曲阜大酒楼、米米乐餐厅、商业大楼、海润酒业有限公司7家单位，保安队员出现了供不应求的新局面。

　　保安是与人打交道的工作，人与人之间的交往是一门艺术。林子大了，什么样的鸟鸣都是一道风景。一天，一位保安找到荀金庆倾吐苦衷："荀总，保安这活儿我真的不想干了。因为咱管理严，有的人对我们冷嘲热讽，有时往我脸上吐唾沫，还要动手打人，甚至骂我是'看门狗'。"说着说着就掉下泪来。

荀金庆边听边点头，他并未感到奇怪。巡查过程中，管理层都清楚地知道，严格按照规程执行纪律的保安们，触及了一些人的既得利益，甚至断了一些人的财路，当然被人家看作"眼中钉、肉中刺"，想着把保安挤对走。他们的讽刺挖苦、恶语相向，正是说明了保安人员的恪尽职守，恰恰证明了保安工作的重要。

听完发生在这位保安身上的故事，荀金庆循循善诱："别介意，狗有什么不好？狗是忠诚的象征。他们骂你是看门狗，我不就是看门狗的头吗？就当骂我好了。"那个保安扑哧笑了。

就这样，保安队员在岗位上兢兢业业，忍辱负重，他们以钢铁意志和严明纪律，完成了一项又一项艰巨任务，帮助企业堵窟窿、挽损失、树形象，赢得了客户的一致好评和肯定。一时间，青年人"当保安"、企事业单位"用保安"成为一种时尚。

多元发展唱响"曲阜保安"

保安服务作为特殊服务行业，必须适应市场经济对保安业的需求。荀金庆一班人深刻认识到，保安服务公司搞经营，单打一不行，必须多业并举。他们向深圳、蛇口等地同行中的先行者学习，从有限的信息中研读国外先进经验，发现技术防范是未来保安的发展方向，随即确定抓住时机，发展技术防范。

1993 年，在原有保安器材销售、维修服务的基础上，设立技术防范通信工程部，杨中河担任经理，开展技术防范工程施工，极大地拓宽了保安的服务市场和工作领域。1994 年初，保安公司向曲阜市公安局正式提出组建曲阜电脑联网报警系统，并到深圳进行了考察。在曲阜市委、市政府及市公安局的大力支持下，同年 5 月，保安公司投资 12 万元引进美国 FBI 电脑联网报警系统，建立了联网报警服务中心，开展为客户提供联网报警服务业务，年底正式建成投入运行。

报警服务中心由 15 名队员组成，负责一天 24 小时值班备勤，接处警情。中心配置了两辆三轮摩托车及通信、防卫器械，制定了设备维护保养、接处警规程等制度，保证能随时接受和处理各类警情。为确保设备正常运行，专门配置专职技术员一名，负责设备安装和定期检修。该系统迅速覆盖了曲阜市各党政机关、金融单位等安保重点单位。报警服务中心技术超前，设备先进，系统配置科学，又经逐步扩容升级，精心管理维护，得到用户的广泛认同与支持。

公司在市场调查中发现沿街店铺、居民家庭有较大的潜在需求，于是着力宣传推广，向用户介绍联网报警安全防范的可靠性，在不增加费用的情况下，为用户办理了财产保险。公司承诺，如因报警设备故障或警情处置不当，给用户造成了损失，将给予责任赔偿。可靠的设备、相对低廉的价格、有力的安全保障，吸引了大批用户主动上门要求安装。1995 年至 2008 年，入网用户每年以 20% 的速度稳步增长，入网用户达到 1000 多家。

为发挥综合防范的优势作用，公司本着技防与人防、物防相结合的原则，为具备条件的人防服务客户安装报警设备，使用户减少了保安员派驻的数量，减轻了经济负担，防范效果及安全系数逐步增加，用户财产安全和保安员的人身安全得到可靠保障。

在组建报警中心开展技防服务的同时，1995 年，公司利用自身技术、人才优势成立了技防工程部，从维修保安器材、通信设备开始，逐步发展到承接技防工程的设计、安装、维修服务。在公安部专家的指导下，工程人员技术水平得到迅速提高，施工工程质量得到保证，取得了较好的社会信誉，服务范围由曲阜发展到邹城、济宁、金乡、枣庄、德州等地市，承接了区域联网报警、电视监控、楼宇防盗等数十个大型技防工程施工项目。1997 年，公司工程部被省公安厅批准为技防工程二级施工单位，成为全省保安系统中第一家取得该资质的施工单位。为进一步规范施工标准，提高工程质量，公司借鉴国际质量认证及管理标准，按照公安部《安全防范工程管理程序与要求》，制定健全了《工程质量及施工人员管理制度》《工程维护保障制度》，从用户咨询到方案设计、预算、实施安装、设备调试、系统运行、售后服务等方面都作了严格的规定和要求，从而使工程施工向正规化、规范化方向迈进了一步。

2004 年，技防工程部与保安器材销售部合并，成立"鑫威安防科技有限公司"，而后又把联网报警系统纳入鑫威安防公司管理。到2009年4月公司改制时，鑫威安防公司的业务遍及全省各地，逐渐成为山东省技术实力较为雄厚的技防施工单位。

随着公司的发展壮大，在继续扩大人防、技防服务的同时，公司提出了"一业为主、多元发展"思路。经过市场调研，相继开发了犬防服务、汽车驾驶培训业务、保险代理业务。大胆突破区域限制，到省内外开发新的服务市场，企业规模和实力得到不断壮大。

1995年，公司与济宁驾校合作，尝试开展汽车驾驶培训业务，开办汽车驾驶培训点。在不断积累经验的基础上，2005年公司筹集资金1000余万元，购置土地20余亩，在曲阜市开发区建设了高标准教学楼和汽车驾驶员培训场地，配备50部培训车辆和电脑等设备。2005年12月16日，经上级有关部门批准，曲阜保安驾校正式挂牌成立。至2009年改制时，曲阜保安驾校共完成20000余名学员的培训任务，为当地经济和社会发展提供了良好服务。

在保安服务的过程中，经常发生保安人员与犯罪分子相遇、对峙的情况，由于保安人员所配的装备仅仅就是个橡胶棍，对犯罪分子产生不了足够大的威慑作用。如果配上警犬，就能增强威慑力。荀金庆在思索人、犬结合的新举措。经过认真考察和筹备，2002年11月，公司犬防中队正式成立。犬防中队的成立，填补了曲阜市乃至山东省保安服务行业犬防服务的空白。犬具有发达的高级神经活动功能和灵敏的嗅觉、听觉和视觉，还具有凶猛性和快速驰骋能力，在治安防范中具有简便、快速、安全、高效和强威慑力等优势。为了发展犬防业务，2007 年 8 月，在犬业盲训中心的基础上，成立了鑫威犬业护卫公司。之后，又与曲阜市公安局开展警务合作，提供警犬追踪、搜爆等服务，取得良好效果。目前的犬业公司已成为拥有员工近 300 人，各类犬只 50 余条的人、犬结合的特殊保安队伍。2008 年北京奥运会期间，公司与中保华安集团公司合作，派出 3 名专业训犬员携带 3 条搜爆犬，赴上海浦东国际机场和青岛流亭国际机场承担北京奥运会期间快递邮件的搜爆任务。这些犬只经过专业培训，取得了警犬技术搜爆专业资质，8 月 1 日至 31 日上岗值勤，每天搜爆检验快件 60 余吨，排除了隐患，确保了北京奥运会期间航空快递货物的安全，受到客户高度赞扬，展示了曲阜保安的良好形象。

纵深探寻，贴近市场谋发展。曲阜保安公司坚持走"做大人防、做强物防、做高技防"的多元化经营之路，不断向保安领域的广度和深度迈进，由单纯提供人力守护服务，逐步向提供综合性保安服务转变，打造出诸多保安市场知名品牌。2008 年底，公司已拥有护卫服务中心、报警服务中心、保安培训中心、保安驾驶学校、安防科技服务有限公司、警犬训育中心等多个经营部门，发展成为集人防、物防、技防、犬防于一体的综合性安全服务企业。

理念决定飞翔的高度

生命之所以美丽，是因为一直在为梦想而奋斗。

2005 年 7 月，荀金庆接受了《中国保安》杂志社副总编辑王玺的专访，访谈文章的题目是《理念决定飞翔的高度》。今天，我们再读这篇文章，就会听到荀金庆激情澎湃而又清醒睿智的声音，感受那个年代公司发展的脉动，从而厘清曲阜保安的过去、现在和未来。

成立于 1993 年的曲阜保安公司，每年一个台阶的稳健发展，规模、效益连年提升。但作为国家机关下属的全民所有制企业，体制的弊端也开始逐步显现。地方政府、主管部门希望保安公司按照地域职能更好地为当地企事业单位做好服务，这就形成了企业发展的局限性。公司要生存，要发展，就需要上规模，通过不断投入人力、物力、财力，获得更大效益，而这些都是政府或主管部门想做而难以做到的。

2000 年，公司员工人数达到 612 人，服务客户 296 家，营业收入达到 621 万元，连续 7 年实现各项指标增幅达 20% 以上。作为创始人、总经理，荀金庆没有也不会沉浸于成功之中，而是更多地思考着保安公司的未来，他无法让自己有片刻的轻松。"春江水暖鸭先知"。认真学习领会国家政策，深入研究市场经济，荀金庆清醒地意识到改革与发展的时代潮流浩浩荡荡，顺之者昌，逆之者亡。身处市场经济发展大潮中的曲阜保安公司，如不顺应自然规律，将会变得风雨飘摇。

"庸者谋利，能者谋局，智者谋势。"针对趋于饱和的本地市场，公司发展遇到瓶颈，公司负债率高，缺乏发展资金，融资渠道狭窄且困难，运行机制不适应市场经济及现代企业制度要求。改革势在必行。经过反复思考与酝酿，荀金庆提出了对公司进行股份制改造的大胆设想。2001 年 7 月 24 日，公司向曲阜市公安局正式提交《关于进行股份制改造的报告》。报告阐述了改制的依据及途径，即采取由国家控股和企业内部职工参股的形式完成公司股份制改造。通过改造，可达到以下目的：一是可以提高职工对企业的关切度，增强职工主人翁意识；二是产权明晰，有利于加强企业内部约束监督机制；三是通过债转股减少企业负债率，降低企业自身及主管部门风险；四是国有资金仍然控股，有利于加强公安机关对企业的领导。

我们现在看这份报告，会觉得思想还是不够解放，相比同期的国企改革，步子还是很小，但在当时的公安系统，却是一石激起千层浪，社会上的反映也是沸沸扬扬。不出所料，这个"投石问路"的报告，上报后犹如石沉大海。荀金庆心里清楚政府及主管部门的顾虑，保安公司作为一个特殊的非主流行业，改制或不改制，发展快或慢，都无关大局，更重要的是，当时全国还没有保安公司改制的先例。

荀金庆一班人退而求其次，他们凭着忠诚事业、敬畏市场以及对保安企业经营理念的清醒认识和科学把握，从而以敏锐的战略发展眼光、强烈的市场意识和科学的管理手段，带领曲阜保安公司走出了一条强基固本、强中求大的路子，驶上了健康发展的快车道。虽然道路坎坷，但只要认准的事，就要信念坚定，努力探索，砥砺前行。2002 年 12 月，曲阜保安公司首先迈出跨区域经营的第一步，进入日照市场，随后进入泰安市场。2003 年 8 月，通过与上海浦东保安公司三分公司合作的模式，试水上海市场。

前进与思考同行。荀金庆明白，只要公司体制不改变，就一定走不远、走不稳。2004 年 11 月，他在《中国保安》杂志发表署名文章《出路》，继续为保安企业改制鼓与呼，这可能已经超出了作为企业总经理对本企业的认知和诉求，而是一种社会意识使然。文中，他鲜明地阐述了自己的观点。我国的保安服务业自产生至今已经走过了 20 个春秋。20 年的风风雨雨，历经磨难，从无到有，由小到大，逐步发展，保安服务业已从一个襁褓中的婴儿成长为强壮的健儿。但是，也应该清醒地看到，保安服务业与当前社会发展的要求相比相对滞后。一方面，社会经济的快速发展需要有一个能为其提供安全服务的保安服务行业；另一方面，由于保安服务行业的自身缺陷，其发展还不能很好地适应社会的需求。归根结底，保安服务业之所以发展滞后，根本原因是保安行业的体制与发展需要不匹配。

荀金庆坚定地认为，保安服务业只有实行股份制改造，才能从根本上解决保安管理体制的困扰，使保安服务业真正成为在市场经济条件下自主经营的独立经济实体。通过股份制改造，一方面可以实现管办分离、政企分开；另一方面又有利于放开市场，拓宽保安服务业融资的渠道，鼓励行业之间竞争，提高整个保安服务行业的经营水平，形成具有竞争实力的保安服务企业集团，以应对国外保安服务业对中国保安市场的挑战。

2005 年 7 月，荀金庆接受《中国保安》杂志王玺副总编辑的采访，更是入木三分地指出了保安企业改制的必要性和迫切性，认为当前体制的主要弊端体现在五个方面：一是管办合一，政企不分；二是垄断经营，画地为牢；三是投资主体单一，企业无法建立真正的现代企业制度；四是市场垄断，损害了消费者的利益，影响公安机关的声誉；五是公安机关把保安公司当成创收实体，当然重利益，轻发展，有时甚至竭泽而渔，致使保安公司难以积累资金，严重影响企业发展后劲。只有对保安服务企业进行股份制改造，实现投资主体多元化，才能从根本上解决体制弊端，使保安服务企业真正成为市场经济条件下自主经营的独立经济实体。

就在公司蒸蒸日上向前发展的时候，一个潜在的危机也在悄悄逼近。2004 年，驾驶培训机制调整，允许社会资本办学，已经从事驾驶培训业务 10 年的曲阜保安公司，为做大驾驶培训业务，由公司员工发起设立了新驾校，其间向员工集资 370 万元，员工入股 300 万元，驾校建设共投入资金近千万元。驾校建成后因产权不清，导致驾校土地、房屋确权无法进行，项目予以搁置。后来由于驾校经营不佳，无力偿还驾校建设职工的集资及拖欠的工程款，公司背负了沉重的包袱，周转资金严重不足，影响了员工工资的正常发放和公司经营活动的正常开展，一度使公司经营陷入困境。鉴于上述情况，要解决公司面临的困难和问题，改制又被提上议事日程。若改制成功，企业发展瓶颈与自身困难皆可迎刃而解。

智者谋势。荀金庆就是这样一位智者，他凭着执着的创业理念、满腔的创业激情、睿智的商业头脑，走一步看三步，高瞻远瞩，坚韧不拔，未雨绸缪。数年来，他大声疾呼，努力探索，成为全国保安服务业市场化的先行者。但因为保安服务业缺乏立法基础，没有明确的行业管理法规，国内更没有保安企业改制的先例，改制一直停留在摸索与探讨的层面。

机遇永远是留给有准备的人的。2008 年初，国务院《保安服务管理条例》（征求意见稿）正式向社会公布，条例明确了保安服务业将由垄断变为开放，按照市场化原则运行。荀金庆马上意识到，保安企业改制的机遇来了，他再次向曲阜市公安局提出改制的建议。

曲阜市公安局党委对保安公司改制问题十分重视，多次听取汇报，进行专题研究。"早改早受益，晚改不受益。""我全力支持保安公司的改制。"时任曲阜市公安局局长的话铿锵有力。在统一认识的基础上，曲阜市公安局主要负责同志在荀金庆的陪同下，亲自到外地考察调研。在调查研究的基础上，曲阜市公安局党委就保安公司的改制问题形成了一致意见。

2008 年 4 月 1 日，曲阜市公安局向市政府上报了《关于对曲阜市保安服务公司进行改制的请示》。请示中提出，《保安服务管理条例》即将出台，我国保安服务业管理体制和政策将进行重大调整，保安服务市场将全面放开。对保安公司进行改制是贯彻落实该条例和国家对保安企业实行"管办分离""政企分开"的需要。按照《中华人民共和国公司法》要求，通过股份制改造，有利于建立和完善现代企业制度，增强企业活力和经济实力，提高市场竞争力，使公司在市场竞争中不断发展壮大。保安公司经营状况较好，企业运行良好，在这种情况下进行改制，能确保广大员工的积极支持和参与，并能吸纳社会资金入股，解决公司负债过重的问题，有利于职工队伍的稳定。

保安公司的改制报告得到了曲阜市政府领导的高度关注，时任市长亲自作出批示。2008年5月15日，根据市长的批示精神，分管副市长召集市公安局、国资局、劳动局、保安公司等有关单位，对保安公司的改制问题进行座谈讨论。会议取得一致意见，保安公司改制，是适应当前新形势的需要，是大势所趋。

2008年6月10日，曲阜市政府以曲政字〔2008〕38号文批复，同意曲阜市保安服务公司改制，并成立了由分管副市长任组长，曲阜市公安局、市政府办公室、市国资局负责人为副组长，曲阜市发展和改革局、监察局、劳动和社会保障局、国土局、审计局等有关单位为成员的改制领导小组。批复中特别要求改制工作要"严格按照法定程序进行，确保国有资产保值增值"。

按照公司改制领导小组的统一安排，2008年6月16日至10

月 31 日，由曲阜市公安局、国资局及保安公司等有关单位负责人参加的清产核资小组对公司资产进行了清理核查，聘请山东大华会计师事务所有限公司、济宁仲创有限责任会计师事务所、山东仁和土地房地产评估咨询有限公司分别对公司资产进行审计和评估。11 月 21 日，曲阜市公安局、国资局研究制定了《市保安服务公司改制实施方案》，上报市政府。

改制实施方案对"改制方式""职工安置""资产处置""改制后公司管理体制""改制后债权债务"等关键问题作出明确规定。其中，"改制方式"规定，由曲阜市保安服务公司职工共同出资，一次性买断国有资产，国有资产全部退出，将曲阜市保安服务公司依法改制为由内部职工持股的股份制企业。"职工安置"条款规定，保安公司现有在职长期合同制员工和短期合同制员工，本次改制进行职工身份置换和经济补偿，对于自愿不重新签订劳动合同的人员，按解除劳动关系进行处理，依法办理解除劳动关系的手续。企业改制后，按照国家有关政策规定做好各项社会保险关系的转移对接，重新进行社会保险登记，保障全体职工继续参加各项社会保险。

在曲阜市政府和市公安局的领导下，曲阜市保安服务公司依照改制程序，本着"严格按照法定程序进行""坚持民主、公开""切实维护职工合法利益和权益"三条原则，公司内部改制有条不紊地展开了。

2008 年 9 月 28 日，曲阜市保安服务公司召开第五届第三次职工代表大会，向职工通报改制的进展情况。在职工代表大会上，全体职工代表一致通过了公司改制的决议，选举产生了改制筹备委员会成员及负责人，成立了由23人组成的改制筹备委员会。10月11日，公司改制筹备委员会通过了职工募股意见。股本分配分三部分，由公司管理层、中层及员工共同筹集。通过了股东代表产生办法，决定选出股东代表50名，其中，公司领导层8名，中层干部12名，普通职工30名。

2008年10月31日，公司改制筹备委员会主持召开第一届第一次股东大会。按照《中华人民共和国公司法》要求，选举产生了董事会、监事会成员。选举苟金庆为董事长，李晓虎为监事会主席。

2009年2月23日，曲阜市政府再次召开专题会议研究保安公司改制工作。会议认为，保安公司改制工作符合上级政策精神，符合曲阜发展实际。

3月5日，曲阜市人民政府下发《关于同意市保安服务公司改制实施方案的批复》（曲政字〔2009〕7号文件），原则同意曲阜市公安局上报的改制实施方案。批复要求，新公司组建按个人自愿出资原则进行，股东会、董事会的组成严格按《中华人民共和国公司法》进行。

4月1日，公司在曲阜市工商管理部门顺利完成"山东华威保安服务有限公司"注册登记。新公司员工入股500万元，一次性买断国有资产，成为由员工持股的股份制企业。

4月16日，公司公布第一届董事会、监事会成员名单及部分高管的任命，荀金庆任董事长，兼任总经理。

7 月 27 日，山东华威保安服务有限公司正式对外挂牌。从最初向曲阜市公安局提交改制报告，历时一年，改制工作圆满完成。一个"产权清晰、权责明确、政企分开、管理科学"的保安公司在孔子故里诞生，成为全国率先成功改制的保安公司。

改制，对于一个企业来说就是一场革命。要发展，就要解放思想，打开思路。"路漫漫其修远兮，吾将上下而求索"。这是君子的品格，是荀金庆及他所领导的曲阜保安服务公司发展的真实写照。

走出"万仞宫墙"

"万仞宫墙"，是悬挂于山东省曲阜市明故城正南门上方的清朝乾隆皇帝亲笔书写的匾额，寓意孔子思想之高足以"万仞"。

进入华威博物馆大厅，一幅大型铜板浮雕展现在眼前。威武的华威保安队伍神采奕奕、昂首阔步走出万仞宫墙。这幅主题图案，显而易见有两重含义，华威保安根植于儒家文化发源地圣城曲阜，在具有深厚文化底蕴的历史文化名城成长壮大；华威保安公司汲取儒家文化的营养，表面尚"武"，实则崇"文"，承载着"仁义之师"的美誉，走出圣城，走向全国，走向世界。这幅雕塑壁画，就是华威集团 30 年栉风沐雨、阔步前行的写照。

曲阜保安公司通过改制，明晰产权，激发了员工的活力，他们对企业未来的激情一下子迸发出来，公司焕发出勃勃生机。正像员工所说："我们既是一名普通职工，又是公司的股东，我们才是企业真正的主人，我们不干谁干？"承继曲阜保安人不断开拓创新、奋勇拼搏的精神，挥洒激情，凝心聚力，新生的华威保安展现出蓬勃向上的朝气和力量。

"要做展翅飞翔的雄鹰，不能做只看眼前的井底之蛙。"荀金庆率领华威保安摒弃传统的"鼠目寸光"，以高瞻远瞩的战略眼光，凭借自己的资源优势和体制优势，抓住市场开放的难得机遇，立足曲阜，放眼全国，大力实施"走出去"战略，确立以山东为主体，上海、北京为重点的"一体两翼"战略布局。

2010年5月，华威聘请知名经济学家陈湛匀教授为首席经济顾问。在陈湛匀教授的指导下，研究制定并实施了《"一三五"发展战略规划》，确立了公司发展的战略目标。一年打牢基础，三年快速发展，实施品牌战略，打造管理规范、服务一流、具有较强实力和较大规模的现代保安服务企业，形成华威保安品牌。《"一三五"发展战略规划》为华威保安绘制出宏伟蓝图，为华威人指明了前进方向。

成立保安集团公司，一直是荀金庆对曲阜保安未来发展的构想。大手笔谋划，大跨度发展，荀金庆轻装上阵，迈开矫健的步伐。改制后的华威按照集团化、集约化、规模化经营战略，按母子公司结构进行了资源整合及内部重组，重新组建了4个全资子公司及3个控股子公司，成为集人防、技防、犬防等多元经营业务于一体的集团化安全服务企业。

2010 年 9 月 16 日，山东华威保安集团股份有限公司挂牌成立，成为山东省首家民营保安集团公司。我们记录下这些内容，以铭刻华威发展的初心和奋斗历程。

华威集团在《"一三五"发展战略规划》的引领下，一业为主，多元发展，集团化、规模化、集约化经营，齐头并进，一套彰显自身特色的商业模式脱颖而出。

主体市场紧锣密鼓，步步为营。2010 年，日照、青岛、济宁分公司成立。2013 年，在完成山东全省 12 个地市全面覆盖的基础上，形成了由地级市向县级延伸的发展格局。

两翼市场风生水起，捷报频传。2010 年，成立 6 年的上海分公司市场份额进一步扩大，客户达到 70 余家。2011 年 9 月，中标上海卜蜂莲花超市项目，176 名保安全面接管其 6 家分店和一家仓库的保安服务业务。2012 年 10 月 16 日，上海华威保安服务有限公司正式成立，客户达到 80 余家。

依托上海市场形成的强大影响力，2013 年，在集团的统一布局下，华威派出精兵强将，开发江苏市场。2015 年 5 月，江苏华威保安服务有限公司正式挂牌成立，标志着华威跨步进入江苏市场。

2010 年，集团决定进军北京市场。2010 年 5 月，首批保安进入北京。2011 年 4 月 16 日，40 名华威队员进驻中石化长城润滑油有限公司。2012 年，集团与浪潮世科等 12 家客户签订协议。2014 年，集团公司顺利通过甲方审核，一举中标北京国家机关采购定点单位。

按照"一体两翼"市场战略规划，集团基本建成山东省内覆盖12个地级城市的区域市场，设立地区分公司11个。省外以上海、北京为中心的两个区域市场初步形成，已在上海、江苏、北京、天津等地设立5家分公司。华威"一体两翼"的区域市场布局任务基本完成。

2014年8月23日，北京分公司进驻中石化项目正式落地，标志着集团公司保安业务向高端迈进取得重大进展。2014年11月23日，"青荣城际铁路巡护项目"启动仪式在青岛莱西市月湖广场举行，山东华威保安集团青荣城际铁路大队宣告成立，华威保安正式进军高铁巡护项目。巡护大队330名巡护队员，执行300千米铁路沿线的巡逻护卫任务，规范化的管理和优质服务确保了铁路运营安全，受到广泛好评。

2015年，集团牢牢把握"调整思路、转型升级、统筹规划、分类指导、抓住机遇、稳步发展"的经营方针，积极应对严峻复杂的经济形势带来的挑战，全力以赴化解市场变化带来的不利影响，各分公司在稳定老客户和市场占有率上下功夫，为完善"一体两翼"市场布局，对下属小公司进行了重组，优化了地区服务结构。

2016年是"一三五"规划和全面完成"一体两翼"市场布局的收官之年，集团进一步加大科技投入，增强保安服务科技含量，积极打造"人、技、犬"综合服务新模式。这一年，开始组织实施"三化建设提升年"活动。加快省内区域经营规模，年初将枣庄、临沂分公司升格为一级分公司，进一步巩固了省内现有区域市场。此外，做好向高速公路服务区业务的延伸。4月25日，集团高速公路保安大队成立，为省内京台、日兰高速5个服务区提供保安服务，这标志着华威保安集团为山东高速服务项目全面铺开。华威的业务从地级市向县区延伸，向铁路巡护、高速公路服务区延伸，一举奠定了华威保安集团快速、稳健发展的局面。

2016年12月31日上午8时，华威高速公路保安大队兵分两路，准时进驻四川省乐山市360千米沿线的五通桥、犍为、宜宾、容县、井研5个高速公路服务区，顺利承接了服务区的安保工作，吹响了集团进军西部的号角，为集团"二五"计划西部业务开发实施奠定了基础。

从曲阜到山东，从北京到上海，从沿海之滨到祖国边陲，华威保安遍及全国各地。中粮、中车、中国烟草、中石油、中石化、中国工商银行、中国银行等"中"字号企业都有华威保安的身影，华威保安成为国内大企业青睐的合作伙伴。华威作为中国成功改制的民营保安公司，在业内的领跑者地位得到确立和认可。

站在华威保安集团的市场布局图前，看着密密麻麻插满小旗的市场，像一只健硕的鲲鹏，以山东为主体，上海、北京为双翅，翱翔在广阔的天空，彰显着蓬勃向上的昂扬斗志，展示着无限美好的未来。

黄浦江畔的仁义之师

2003年初，成立10年的曲阜市保安服务公司已成长为一个充满活力的"英俊少年"，展现着勃勃生机，人防客户达到112家，基本涵盖曲阜市主要党政机关、银行、学校及企业。联防报警客户288家，安防工程业务成功占领邹城、济宁等地。驾校生源充足，成绩优异，位居济宁各分校前列。

一家保安公司，取得这样的成就，应该说已经是非常优秀了。但其创始者、领航人荀金庆却不这样短视，曲阜地盘狭小、经济发展水平不高、服务费收取相对较低，这些都是掣肘公司发展的瓶颈。按照市场经济规律，保安市场迟早要放开，如果固守自己的地盘，无疑是自缚手脚，坐以待毙。企业发展不能目光短浅，满足于现状，只看眼前利益。保安公司要发展，必须"走出去"，只有接受市场的检阅和历练，才能在激烈的竞争中成长壮大。对保安行业来说，跨区域发展是企业发展的必然趋势。

在制定2002年公司经营目标时，荀金庆高瞻远瞩，旗帜鲜明地指出："人防服务要做好两个延伸，向社区延伸，向外地延伸。""我们现在不仅要吃着碗里的，看着锅里的，还要看着锅外的。"理念决定行动，这一年的5月，3名保安走进日照，实现了跨地区经营的第一步。

第一步迈出后，荀金庆的目光即盯住了上海。上海市，我国最大的商业中心、工业中心、金融中心、经济贸易中心和信息中心，其强劲有力的经济发展态势，必定会带动保安服务业的旺盛需求。进入上海市场，对公司的发展具有非常重要的战略意义和标杆作用，这是公司二次创业、做大做强的重要契机，它必将为企业的持续发展注入新活力。

荀金庆带队赴上海考察，邀请上海同行来公司交流。他看到上海保安大多数是企业下岗工人，年龄大、文化程度和职业素质低，与用人单位的需求和岗位要求差距甚大，曲阜保安队伍与他们形成鲜明对比。市场广大，优势在我，但有一个门槛却很难逾越，这就是当时保安行业还归所在地的公安机关管理，外地保安企业进不了上海。

张福贤，时任上海浦东保安总公司第三分公司总经理，与荀金庆还是 1998 年在山东曲阜相识的。"我们是一见如故，感到荀总身上有一种儒家风范，让人觉得亲切、可信。"之后与荀金庆成为同行好友的张福贤如是说。此时，张福贤也有自己的烦心事，他的保安队伍"兵源不足，质量不高"，急需外援。因此，他心急如焚地找到荀金庆。

一个想着进入上海，一个急需优质资源，在市场的调节中他们各取所需，一拍即合。2003 年 8 月 18 日，曲阜市保安服务公司与上海浦东保安总公司签署了劳务合作协议，向上海浦东派驻保安承担保安服务业务。他们优中选优，挑选出 28 名优秀队员，浦东三分公司则拿出区政府、宝钢总部、建设银行等重点单位的岗位让曲阜保安进驻。

8 月 25 日，公司派出颜东安等首批 28 名保安队员开赴上海浦东，担负保安值勤任务。山东人淳厚朴实，忠于职守，再加上孔子故里人仁义儒雅，文质彬彬，很快赢得了客户的认可和赞许。公司对来到异地他乡工作的员工也是厚爱有加，给予了无微不至的关怀。9月27日，第一批队员到岗后第十二天，公司总经理荀金庆陪同时任曲阜市委常委、政法委书记看望首批赴上海值勤的保安队员。12月28日，荀金庆再赴上海，代表公司看望在沪值勤的保安队员，并带去新年的祝福和问候，这无疑给予外派保安队员极大的鼓舞。

曲阜保安的到来，给上海当地保安业带来了震动和冲击，行业之间的竞争压力随即显现出来，与浦东方面的合作也出现了一些问题。曲阜保安是坚持下来，还是撤回曲阜，一度成为难题。采访中，我们了解到荀金庆所面临的艰难抉择。他说，一开始与对方合作还是挺愉快的，当时去上海也没想到那里的市场那么大。我们与上海浦东保安公司合作了近两年，但没有赚到钱，钱都让人家赚了，心里很不平衡。此时，如果放弃与对方的合作，把人员撤回来，等于以前的付出白费了。我们为什么不能自己干呢？荀金庆如是说。于是，荀金庆安排在上海带队的管理骨干白天上班，晚上出去跑业务，寻找合作对象。

2004年初，外派上海的保安开始尝试与上海本地一家物业公司合作，做物业公司的劳务保安。为了取得合法资格，同年12月，他们在上海注册成立了上海鲁源劳务服务有限公司。业务开展初期，上海客户不敢轻易相信来自外地的保安队伍，业务发展徘徊不前。面对发展梗阻，他们没有气馁，而是以不服输的斗志和敢于亮剑的精神，跑客户，跑市场，不断地推销自己，终于以真诚的态度和优质的服务打开了上海安保服务市场。

"我真的非常佩服荀总，在困难面前不畏惧，不退缩。他就一句话，曲阜保安来到上海就不走了，就要扎根。"2021年11月25日，我们在上海华威总部采访，回忆起当时的情况，张福贤动情地这样说。

上海鲁源劳务服务有限公司成立后，办公及生活场所就设在上海上菱冰箱厂废弃的厂房内，几十个人就吃住在这里，艰苦程度可想而知。他们以苦为乐，以事业为重，从这里走向岗位，从这里外出拓展业务。精诚所至，金石为开。上海颇有规模和名气的东湖物业、申城物业等物业公司相继成为他们的合作伙伴。

荀金庆明白，曲阜保安要想在上海站稳脚跟，必须要打出自己的品牌。而要做出品牌，就必须要有一支形象好、服务好、纪律严明的保安队伍。为此，公司领导从抓队伍管理入手，决心打造一支能独立作战、敢打持久战、能团结协作、具有坚强战斗力的保安团队。

2006年1月17日，公司出台《关于加快开发上海保安市场的意见》，决定在上海筹备建立正式经营机构，设立子公司，加快上海保安市场开发。制定鼓励员工赴沪创业政策，在2006年员工实际在岗人数300人的基础上，3年内力争达到800人至1000人，年营业收入突破3000万元。

9月7日，公司正式下发《关于设立上海分公司的决定》，由上海分公司具体负责上海市场的开发及队伍管理。9月18日，公司研究印发《关于上海分公司保安管理及工资待遇的有关规定》；10月9日，公司研究出台《关于上海分公司保安队伍管理的有关规定》，将上海保安队伍纳入公司规范化管理。随着业务的拓展，上海分公司逐步设立了办公室、业务部、人力资源部、保安管理部等职能部门，后来又成立了浦东、浦西两个管理分部，配齐了分公司领导班子，完善了组织机构，建立健全了各项规章制度。

现任集团副总裁孙勇是上海华威发展的直接见证人，2006年9月，他兼上海分公司经理；2008年6月，升任公司副总经理兼上海分公司经理。上海分公司在孙勇一班人的勤奋努力下，坚决贯彻集团正确决策，沉着应对，科学分析，顶住了当时美国引发的金融危机对保安业的冲击，稳定老客户，开发新客户，积极拓展上海服务市场，先后承担了国家税务总局上海市浦东新区税务局、地方税务局、卫生系统、银行、科技园、连锁超市、市级重点单位及全国物业管理示范大厦和住宅小区等百余家客户的安保服务工作，与东湖、上置等多家具有国家物业管理一级资质的大型企业建立了密切的合作关系。

一组数据记录着这一阶段上海华威的发展。2006年，客户14家，队员159人，服务岗位319个；2007年，客户34家，队员291人，服务岗位307个；2008年，客户50家，队员366人，服务岗位727个；2009年，客户55家，队员451人，服务岗位886个；2010年，客户70家，队员501人，服务岗位1070个。

　　上海分公司员工生活环境也有了很大改善。2009年3月，上海分公司租赁了一座3层800平方米的楼房供队员住宿，为部分值勤点配发了电风扇、淋浴器、制式棉衣等生活必需品，购置了电视机、VCD等娱乐设备，改善了队员的食宿环境。10月，建立了培训中心。在培训中心设置娱乐室，购买了锻炼器材和书籍，丰富了队员的业余文化生活。

　　2010年是华威集团公司"一三五"发展战略实施的第一年，恰逢上海世博会举办。4月15日，公司制定了《关于开展"迎世博、保平安"活动的实施方案》。上海分公司认真开展迎世博、保平安活动，通过大练兵提高保安队伍自身素质，全力争取参与世博会期间的安全保卫工作。各值勤点根据客户单位要求，实行岗位责任制，认真落实各项安保措施，积极做好各项安保工作。公司抓住世博会机遇，设立了特卫部，研究制定了加快特卫业务的开发计划。经过积极筹划，公司招收培训了首批特保队员，11月29日赴上海正式上岗，公司特卫业务向前迈出了重要一步。

　　2011年11月15日，上海分公司176名保安员全面接管卜蜂莲花超市6家分店和1个仓库的保安服务业务，这一项目共有231个岗位。上海卜蜂莲花超市是位列亚洲品牌500强的泰国正大集团旗下企业，中标该企业的保安服务项目，标志着华威上海分公司的企业实力和竞争力显著提升，开启了进入高端客户市场之门，成为上海保安业的前排企业。

　　居安思危，勇攀高峰。苟金庆认为，上海分公司虽然取得了很大成绩，但要想成为上海保安业的中坚力量，还需要"正名"，就是要叫响"华威"品牌。这时适逢国家开放保安行业。2011 年 1 月，"上海华威保安服务有限公司"筹备机构开始试运行。

外地企业在上海注册保安公司，申办的过程自然是艰难而又曲折。华威人发扬"崇德、敬业、开拓、创新"的企业精神，一手抓好经营，一手积极准备材料，有条不紊地推进筹办工作。注册保安公司，要求法人代表必须具有"保卫师资格"，于是，64 岁的董事长荀金庆走进课堂，以优异的成绩获得上海市公安局颁发的中级保卫师资格证书。榜样的力量是无穷的，在荀金庆的带动下，上海分公司先后有数人取得保卫师资格证书。

2012 年 10 月 16 日，上海华威保安服务有限公司正式获得上海市公安局颁发的《保安服务许可证》。2013 年 3 月 12 日，经上海市保安服务行业协会批准，成为"上海保安服务行业协会理事单位"，华威保安在上海保安服务行业取得合法资质。

2013 年 8 月 15 日，为加快江苏市场开发，在扬州设立了分公司，时任上海华威副总经理的颜东安受命到扬州主持工作、开发市场。在人地生疏、情况不熟等诸多困难的情况下，不论刮风下雨还是节假日，颜东安天天跑市场。但他看到的还是别人歧视和不认可的眼神。颜东安深知自己身上的担子和压力，那些日子，他经常彻夜难眠，但从不气馁，而是把压力转化为动力。经过 4 个多月的艰苦磨砺，12 月 28 日，他终于在江苏泰兴正式接岗，扬州分公司实现了"零服务"的突破。颜东安用自己的勤奋和坚韧完美诠释了对保安工作的热爱和对华威的忠诚。

2016年5月16日上午，山东华威保安集团江苏华威保安服务有限公司在南京成立，在南京鼓楼区双门楼宾馆举行了开业庆典。江苏省山东商会总会长鲁宏振，南京市公安局保安监管大队大队长纪铁军，南京市公安局保安监管大队教导员、南京市保安协会副秘书长徐雪峰，集团公司董事长荀金庆及副总裁孙勇等与60余名南京各界人士出席了庆典活动。江苏省电视台对此次庆典进行了跟踪报道，对董事长、总裁荀金庆进行了专访。

2017年初，集团为加快区域统筹协调发展，设立了上海区域总部，负责上海、江苏两个子公司的统一组织协调，对管理骨干进行了区域统一调配，营销上实行区域协同。

2018年，集团积极实施区域大营销战略，充分发挥营销资源共享、协调发展的优势，业务得到稳步增长，先后承接了鲁能公馆、九歌上郡、海上名邸、南京华为研究所、紫金嘉悦等较大项目。

2018年11月5日至10日，首届中国国际进口博览会在上海成功举办。这是中国第一次举办国际进口博览会，也是世界第一个以"进口"为主题的世界级展会，吸引了全球172个国家、地区和国际组织参会，有3600多家企业参展。上海华威保安公司受上海市保安总公司的委托，负责此次"进博会"部分安保任务。

10月26日，华威保安派4名行政管理人员、26名安保人员先期进入国际会议中心，负责核生化检测工作及秩序维护。集团副总裁孙勇、上海公司总经理颜东安站位一线，值勤队员恪尽职守，忠诚履职，严格落实各项安保措施，积极做好安全检测、观众引导、秩序维护、安全隐患排查等安保工作，出色地完成了安保任务，荣获"首届中国国际进口博览会安保贡献奖"荣誉。

风清帆正自远航。曲阜保安自2003年进入上海，20年来，上海华威已成长为上海保安业一支生力军。2022年底，上海华威在岗员工达到1220人，战略合作伙伴包括东湖物业、富都物业、新城物业、申能物业、金晨物业、鲁能物业、明华物业等上海知名物业公司，以及首尔丽格、嘉合基金、盛大网络等知名企业，完成世博会、进博会等重大保卫任务数十项，与上海市浦东税务系统、卫生系统、银行、科技园、连锁超市及住宅小区保持着稳定的合作关系。

金杯银杯不如老百姓的"口碑"。春节是阖家团圆的日子，家家户户都沉浸在喜庆热闹的气氛中，享受着与家人、朋友团聚的美好时刻。黄浦江畔，滨江大道与上海最繁华的外滩隔江相望，有这么一群人，他们拉起警戒线，用标准的军姿与指挥手势，在滨江大道将游人与黄浦江相隔开来，以此保证游客的安全。他们就是上海华威保安，万家团圆的"值守人"，黄浦江畔最美的风景线。

在各值勤点，华威队员诚恳、敬业、忠厚的品行，认真负责、严谨工作、热情服务的态度以及主动服务的意识，赢得了客户的尊重和称赞。在凤六新苑居住的业主贾女士是上海市仁联物业公司的人力资源部主任，她每次出门总发现门口保安员始终洋溢着热情。经过长时间的观察，她发现这位保安工作认真负责，让每一位从此经过的业主总能感受到温馨。经过了解，她得知这支保安队伍来自曲阜的保安公司。于是，经她推荐，她所在的仁联物业公司相继在圣御大厦、丹芳苑、广兰明苑聘用了曲阜保安。还有好多客户看到队员中午带饭不方便，就主动买来鱼、肉、菜在家里为队员做好，送到值勤点。面对业主的关心，队员们进一步增强了做好服务的责任心和自豪感。

上海洋浦兴桥盛物业公司 2007 年开始同华威合作，15 年来合作的项目、范围逐步增加。2021 年 11 月 25 日，公司黄克星副书记给我们介绍说："我们选择华威，看中三点：一是同行推荐，口碑好；二是企业文化优势，曲阜保安彰显儒家文化的仁义诚信；三是互动好，沟通无障碍。这些年来，我们有了新项目，华威总是第一时间拿出切实可行的方案，同华威合作没有甲乙方的感觉，平时与他们交流，都会有些启发，这些都是无形的服务。"

上海申城物业是上海地产集团下属企业，华威最早合作的客户之一。2007 年通过购买服务的方式，曲阜保安与申城物业融合发展，成为合作典范。采访中，申城物业的总经理孙膑说："华威保安有担当，有社会责任感，这是了不起的。前几年，在公租房、动迁房业务上，华威给了很大的支持，对社会稳定作出了积极贡献。"

久有凌云志，奋斗上海滩。20 年转瞬即逝，弹指一挥间。上海华威在集团"一体两翼"战略的推动下，顺时应势，自我加压，秉承"主忠信，徙义，崇德"的儒家文化，脚踏实地地走过了一条探索发展、巩固、提高的创业之路，铸造了华威保安的品牌、信誉和知名度，使华威在海派文化沃土中生根发芽，开花结果。

走向国际化战略

清代陈澹然说："不谋万世者，不足谋一时；不谋全局者，不足谋一域。"对于企业发展与管理，就是要有长远的眼光和魄力，要有全球市场一体化的境界和谋略。荀金庆就是这样的智者，无论是 1993 年成立曲阜保安公司时的勇气，还是对公司改制二次创业显示出的智慧和担当。

"走出去"，从想法到尝试，再到成为公司发展战略。在这个过程中，荀金庆站在时代的高度，以战略家的睿智，不断思考与实践，从而实现了华威发展的量变到质变。

2001 年 4 月 24 日至 5 月 13 日，荀金庆作为中保协会组织的来自全国 9 个省市的 23 名优秀保安公司总经理之一，在中保协会副秘书长平立的带领下，赴澳大利亚集宝国际中心参加了为期 19 天的学习培训。这次活动，打开了荀金庆对于保安业的国际视野，他在《目睹澳大利亚保安业》一文中指出："随着我国市场经济的发展，中国加入世贸组织，世界经济一体化，国外保安业必然要打入中国市场。"

2005 年 7 月，荀金庆接受《中国保安》杂志的采访，谈到"走出去"的战略构想，他清醒地认识到："作为一个县级保安公司，要想办法做大。我们现在的目标是走进上海，下一步还要争取走出国门，到外国去做保安。"

"中国保安到国外去"的想法，在那个时代，哪怕是作为国企的曲阜保安公司也只能停留在研讨和思考的层面。梦想确实有着无穷的魅力，机遇会永远留给那些有准备的人。2009 年，公司完成改制，摆脱了体制的束缚，成为市场弄潮儿的华威终于可以放飞自己的梦想，"走出国门，走向世界"成为现实。

2010 年 1 月，公司制定了《"一三五"发展战略规划》，"走出去"正式成为公司发展战略，明确"要走出国门"的战略目标。实施国际化战略，成为实现企业目标和愿景的必然选择，也是公司发展的最高定位。

10 月 27 日，"山东华威保安集团海外市场启动暨华威保安海外服务中心成立新闻发布会"在北京隆重召开。董事长、总裁荀金庆向媒体介绍了华威保安向海外市场进军的发展战略。知名经济学家、上海投资学会副会长、集团首席经济顾问陈湛匀教授，以及集团常务副总裁杨中河出席了新闻发布会。《人民日报》《中国日报》《北京日报》《大公报》《文汇报》《经济参考》《中国经济周刊》《经济观察》等 30 多家新闻媒体应邀参加了发布会。

2011 年 5 月 19 日，上海山东商会和山东华威保安集团共同主办的"保安服务业发展趋势暨华威保安发展战略研讨会"在上海举行。知名经济学家、上海投资学会副会长陈湛匀教授及有关专家学者、客户代表近百人出席。董事长、总裁荀金庆在主旨演讲中指出："华威发展战略的核心就是积极而稳妥地开拓国际市场，通过开拓国际市场，可以让我们更多地接触和了解国际保安发展现状和趋势，学习人家优秀的管理经验，从而提升我们自身的经营管理水平和能力。通过华威的国际化，还可以提升我们在国内保安行业的竞争力和影响力，推动和加快自身转型升级，实现集团化、集约化、规模化经营，创建国内国际一流保安品牌。"

此次研讨会由上海宝狮文化传播公司协助承办，新华社、中国新闻社、人民网、搜狐、新浪、网易、东方网、齐鲁网等 30 多家媒体应邀对这一活动盛况进行了宣传报道。

鲜花盛开，蝴蝶自来。华威集团的国际化战略引起了社会各界的广泛关注，品牌效力显著增强，吸引了国内外同行的目光。2011 年 10 月 20 日，（中国）台湾中华保全协会参访团来公司参访，双方友好交流，就进一步合作达成了初步意见。

2011 年 12 月 9 日上午，集团聘请国际保安界知名专家、澳籍华人蒋晓明为华威保安集团高级顾问。在集团公司三楼多功能厅隆重举行了聘任仪式，蒋晓明现场以"国外保安业发展状况"为主题进行了授课。

2012 年 2 月 13 日至 18 日，应澳大利亚 MSS 公司的邀请，集团董事长、总裁荀金庆，常务副总裁杨中河，集团高级顾问蒋晓明一行赴澳大利亚进行了访问考察。其间，荀金庆一行与 MSS 公司进行了广泛交流，拜访了澳大利亚工商保安协会，实地考察了澳大利亚保安培训、资格认证以及 MSS 墨尔本公司业务开展情况，并到该公司的项目驻地进行了学习参观。通过此次访问，双方增进了相互间的了解。经过相互沟通和了解，当年 6 月 17 日，华威集团公司与澳大利亚 MSS 保安集团正式签署战略联盟合作协议，分享跨国公司服务标准，联手开发海外安保服务市场，这是华威保安首次与国外保安同行进行战略合作，此举对于加快华威保安的跨越式发展产生了深远影响。

6 月 20 日至 21 日，中国对外贸易经济合作企业协会主办、山东华威保安集团协办的第二届中国企业境外商务安全交流会在北京隆重举行。集团董事长、总裁荀金庆在会上作了《民营保安如何发挥自身优势，为中国海外企业安全提供服务》的主题发言。

应中国台湾中华保全协会邀请，2012 年 11 月 1 日，华威集团公司参访团一行 16 人赴台湾省参观访问，与台湾怡和保全集团签署战略合作协议。双方就两岸保安业的发展情况及合作前景进行了深入沟通和交流。中国台湾保全商业公会联合会理事长王振生、中华保全协会会长汤永郎、常务监事邱文辉、秘书长郭志裕、副秘书长邱中岳、协会顾问王化榛、新北市保全公会理事长梁心祯等参加了签约仪式及座谈交流。

山东华威保安影响力大幅提升，引起国内外关注。《参考消息》在转载有关国外的报道中，曾专门关注了中国山东华威保安集团的情况。2013 年 1 月 13 日，《经济日报》、《中国经济信息》

杂志和《中国经济导报》联合主办，中国经济人物征评活动组委会承办的"2012中国经济高峰论坛暨中国经济人物颁奖盛典"在北京亚洲大酒店亚洲会堂隆重举行，华威集团公司董事长、总裁荀金庆荣膺"2012中国经济新领军人物"荣誉称号。颁奖词对荀金庆给予高度评价："作为我国保安行业的领军人，近20年来，荀金庆带领他的团队始终站在保安发展的前沿，关注、专注着保安业的发展走向，引领着保安业的发展方向，他的经营理念已深深融入华威保安经营发展战略中，将毕生的心血和激情投入了华威事业，他提出的'走出去战略''品牌战略''海外战略'理论，为华威乃至全国保安的发展注入了不竭的动力和蓬勃的活力。"

2013年1月25日，亚洲品牌协会、国家发展改革委员会、《环球时报》《中国经济导报》联合主办的"提升亚洲品牌企业国际竞争力"2012亚洲品牌盛典在北京隆重举行。山东华威保安集团获得"中国绿色品牌"优秀奖，董事长、总裁荀金庆荣膺"中国（行业）品牌十大创新人物"殊荣。

2013年4月25日至26日，南非斯坦陵布什大学与中国研究中心主办的"中非安全与风险管理座谈会"在南非开普敦市举行。非洲有关专家、学者，中国驻开普敦总领事梁梳根，中国政府非洲事务特别代表钟建华，中非发展基金会卢志华，浙江师范大学中非国际商学院院长、前中国驻南非大使刘贵金，中国石油天然气集团公司、中国外交学院等领导和专家30余人参加座谈会。集团董事长、总裁荀金庆，高级顾问蒋晓明作为我国唯一受邀的安保企业代表参加会议，荀金庆作了《中国企业海外安全服务的战略思考》的主题发言，就中国企业的海外安全保卫问题阐述了自己的观点，引起与会代表的高度关注。

2013年5月6日至13日，华威集团公司组织20名中高管，在集团常务副总裁杨中河的带领下赴中国台湾学习考察，与台湾中兴保全集团负责人座谈交流，参观了他们的联网报警系统。

2013年6月28日，华威集团公司海外合作再迎新伙伴，与新加坡JK咨询控股集团建立战略联盟合作关系，双方在青岛举行战略合作签约仪式。董事长、总裁荀金庆，JK咨询控股集团总裁郭志豪分别在合作协议书上签字。澳大利亚MSS保安集团总裁陈乔治先生出席了签约仪式，双方就合作前景进行了深入沟通和交流。国外先进经验为国际客户群提供安保、安保技防解决方案、防爆、培训、安保情报研究等多方面、多层级的咨询和培训服务打下了良好基础。

国内外保安行业间的沟通交流日益频繁。为适应这一需要，2013年6月30日，"中国华威国际交流中心（香港）有限公司成立揭牌仪式"在青岛隆重举行。来自澳大利亚、新加坡等国家和中国台湾地区的保安同行、国内部分保安企业及相关专家、学者40余人参加了揭牌仪式。华威集团公司董事长、总裁荀金庆在仪式上首先致辞，澳大利亚MSS保安集团总裁陈乔治、中保国安实业有限公司董事长冯道宽、中国台湾中华保全协会会长汤永郎分别致贺词，并为"中国华威国际交流中心（香港）有限公司"成立揭牌。

同时，由山东华威保安集团发起主办的"2013国际保安交流与合作研讨会"在青岛举行。研讨会的宗旨为"开拓、创新、合作、共赢"。与会企业家、相关专家、学者就国内外保安业发展现状、前景及未来趋势、中外保安如何开展交流合作、促进共同发展等议题进行了广泛沟通交流。开展国际保安界之间的交流，探讨中外保安企业合作模式，搭建国际保安行业信息交流平台，对于推动中国保安业与国际保安业接轨，促进中外保安业携手共同发展发挥了重大作用。

2014年3月29日至4月18日，公司董事长、总裁荀金庆，高级顾问蒋晓明，总裁助理孔令东一行对南非保安市场进行调研，与南非雷德公司就合作事宜进行深入探讨，达成重要共识。通过调研和协商，4月17日，集团公司与南非雷德保安公司在南非约翰内斯堡举行了合作协议签字仪式。中国驻南非大使田学军携大使馆参赞、办公室主任潘正茂于4月10日上午在南非大使馆亲切接见了在南非进行工作访问的荀金庆一行。荀金庆向田大使汇报了集团公司的国际化发展思路及目标规划。

10月29日，公司与俄罗斯国家技术集团安全技术公司在北京分公司签订战略合作协议。签约仪式上，公司董事长、总裁荀金庆简要介绍了集团公司的发展情况及海外战略，俄技集团安全技术公司总经理符拉迪米尔·卡皮丝介绍了安全技术公司经营发展情况，双方就下一步具体合作方式和内容达成意向，签订了战略合作协议书。

华威集团"走出去"的国际战略遍地开花，相继与下列国家和地区公司建立战略合作关系：2012 年 11 月，与中国台湾怡和保全集团签订合作协议；2013 年 6 月，与新加坡 JK 咨询控股公司签订合作协议；2013 年 11 月，与南非雷德公司签订合作协议；2014 年 10 月，与俄罗斯俄技集团公司签订合作协议。

国际交流合作打开了国际化战略的一扇扇门窗，华威与国际保安业逐步融合，但华威绝不会止步不前。我国改革开放力度不断加大，国家综合实力逐步增强，特别是"一带一路"倡议的实施，大量中资企业走向海外发展。非洲就是中国企业投资的重点区域。但是，那里的治安形势严峻，中资企业及出国务工人员的安全受到很大威胁，这种状况如果得不到有效改善，将会直接影响国家战略的实施。华威敏锐地洞察到这个发展契机。苟金庆2014 年撰文《谈华威的国际战略》，一针见血地指出，必须坚定信念，积极探索，迈出华威国际化战略更加坚实的一步。

2014 年 12 月 20 日，公司与南非雷德私营保安公司共同投资的"南非华威雷德保安服务公司"（简称"华威雷德公司"）在南非约翰内斯堡成立。中国驻南非大使馆经济商务参赞荣延松、警务参赞王志钢、中国驻南非约翰内斯堡总领馆副总领事杨培栋、南非中国经贸协会秘书长卫中，以及中资企业等各界代表70 多人应邀参加了庆典活动。与会领导为华威雷德公司及山东华威集团驻南非代表处揭牌。随后，中国五矿、中国证大、山东新光集团分别与华威雷德公司签订了合作意向书。南非华威雷德保安公司是中国首家由保安企业走出国门成立的中外合资保安公司，这使国内保安成功进驻海外成为现实，成为中国保安发展史上的里程碑。

华威雷德保安公司发挥双方优势，共同为中资企业、华人华侨及华人商团提供驻场保安、武装随身护卫、安全咨询及风险评估、安全培训等服务。2015年以来，相继为中国驻南非大使馆、中国驻约翰内斯堡总领事馆、中国驻南非使馆经商处，以及中资企业中国银行南非分行、新希望集团、MRLED有限公司、中地海外集团、中国检验检疫总公司、新光集团、齐鲁商会、广东商会等提供驻点服务和武装护卫，确保了服务对象的安全，得到了服务客户的充分认可。

2015年12月，公司董事长、总裁荀金庆到南非调研市场，检查指导华威雷德公司工作。其间，荀金庆还应南非—中国经贸协会邀请，参加了中国公安部代表团与南非中资企业代表座谈会并发言。

2016年，华威继续加强与俄技集团的业务洽谈，双方进行了3次互访，就合作领域、合作方式等问题进行磋商，为双方合作奠定了基础。同年8月，山东华威保安集团与俄罗斯国家技术集团西贝尔公司共同出资开办的好护卫有限责任公司在莫斯科正式挂牌成立，这是暨南非华威雷德公司运营后又一新的海外亮点。

华威的"走出去"战略，在国内与国际两个市场的不断磨砺中，呈现出越来越强的生命力，华威的知名度与美誉度在国内外都得到了市场的高度认可。

2019 年 4 月 27 日，"华威国际发展论坛"在山东曲阜香格里拉酒店隆重召开。来自俄罗斯、斯里兰卡、南非及国内的保安专家、学者、保安界企业家、华威集团部分客户代表 200 余人参加了论坛，聚焦讨论"一带一路"背景下中国保安企业国际化发展的机遇与挑战。

华威国际发展论坛旨在"携手、合作、共进"，加快华威国际化进程，打造华威国际品牌，提升华威国际影响力，服务"一带一路"倡议。业界专家、学者到会交流，为未来华威的国际化发展方向提供智力支持。集团董事长、总裁荀金庆作了《华威国际化发展与中国安保走出去的思考》的主题发言，他回顾华威集团国际化发展历程，分享其成功经验，对今后发展展示了独特视角。

中国人民公安大学治安学专业教授、博士生导师郭太生从专业和学术角度作了《中国保安企业国际化发展之路》报告，介绍了中国保安企业国际化发展的所需条件和路径，强调了海外中资企业的利益保护和保安企业的历史责任与担当。随后，俄罗斯国家技术集团西贝尔公司副首席执行官库里雅克、南鲁同乡总会（南非山东商会）理事长王宏、斯里兰卡高级安全服务和国际调查服务有限公司董事费尔南多分别作了当地保安市场及发展状况的介绍。华威首席经济顾问、知名经济学家、上海市投资学会副会长陈湛匀作了《中国保安应专业服务好"一带一路"》的报告。他指出，近年来，随着中国经济的快速发展和国家"一带一路"倡议的实施，中国保安企业也开始尝试走出国门开辟国外市场，这是发展趋势。中国保安企业要敢于吃螃蟹，但不可一拥而上。有能力、有条件的保安公司可先行一步，探索国际化运营之路。

"只有你的脚步到达了真正的远方，才能看到别人看不到的风景。"山东华威保安集团自 2010 年实施国际化战略以来，先后与澳大利亚、南非、德国、新加坡、俄罗斯等国家和中国台湾地区的保安公司建立战略合作伙伴关系，在南非、俄罗斯、斯里兰卡设立了分公司或办事处，开发当地保安服务业务，成为中国保安企业"走出去"的代表和标杆，在国际化发展道路上走出了自己的路子。

华威，这只展翅翱翔扶摇九霄的鲲鹏已经飞向世界。华威国际化发展战略紧密契合国家"一带一路"倡议，必将走向光辉的未来与远方。

初心如磐华威梦

能者谋局，智者谋势。华威砥砺前行，在理想的道路上一路迅跑，荀金庆是始终走在最前头的那个人。他栉风沐雨，坚韧不拔。他是一位包容豁达、亲切和蔼的长者，一位用仁义诚信、立己达人来诠释儒商之道的华威领袖，一位深谋远虑、高瞻远瞩的新时代企业家。他的远见卓识不断成就着华威更加美好的未来。

"一三五"战略规划的有序推进，"一体两翼"市场战略的实施，让华威已然成长为参天大树，但荀金庆却在反思华威发展过程中存在的同业竞争、科技创新、人员稳定等短板和问题。一是追求快速扩张，加盟合作模式缺乏有效管理和制约；二是由于公司发展较快，管理骨干素质不适应公司发展需求的矛盾比较突出，致使一些区域业务发展很不平衡；三是公司治理机制及管理规章制度还需要完善和创新，运行质量有待进一步提升。

明者远见于未萌，智者避危于无形。经过广泛的酝酿讨论，集思广益，2017 年 2 月，集团制定并实施《"二五"发展战略规划》，规划旗帜鲜明地确立了"坚持以市场为导向，以满足客户需求为中心，实施'调整布局、双轮驱动、转型升级、创新发展'战略，加快保安服务由人力型向人技结合型、智能型转变，由粗放型向集约型转变，以使华威注重发展质量，提升核心竞争力。进一步完善现代企业治理机制，建立科学高效的内部管控体系，完善制度建设，创新激励机制，建设幸福华威，努力打造国内国际具有较强实力和影响力的现代保安集团"。

"二五规划"明确了集团发展战略和市场目标，为 2017 年至 2021 年的企业经营发展指明了方向。其发展战略是实施"一体两翼""三区""三线"市场新布局；加快人防转型升级；整合技防资源，创新经营模式。市场目标是继续巩固和发展"以山东为主体，北京、上海为两翼"的"一体两翼"市场布局；加快向"三区""三线"业务拓展。

"创新、升级、质量、核心竞争力、幸福华威"成为"二五规划"的关键词。内强素质，外树形象，是华威持续稳定发展的重要保证。内强素质就是提高队伍的安全素质、质量素质、效益素质、科技素质；外树形象就是塑造认真负责的华威保安形象、规范有序的服务形象、严格高效的管理形象、公平诚信的市场形象、团结进取的团队形象。

2017年是"二五"规划的开局之年，是集团发展史上具有重要意义的一年。荀金庆以超常的胆魄和智慧带领华威人站在新起点，凝心聚力，在企业发展的内涵和外延上同时发力，取得了跨越式发展成就，实现了"二五"规划开门红。

这一年，华威加快转型升级步伐，坚持"科技创新"原则，对鑫威安防公司和报警公司进行资源整合，对其资产进行合并、分立，成立了山东华威安防科技股份有限公司，充实了联网报警业务队伍，统一平台建设标准和要求，稳步推进集团总控中心至子公司、分公司再到客户终端保安管控平台及二级管控平台建设。

这一年，华威加快区域市场布局，促进区域市场均衡发展。年初，集团分别设立上海、青岛两个区域总部，上海区域总部辖上海、江苏公司，青岛区域总部辖青岛分公司、烟台分公司，集团推广区域总部发展模式正式成型。"三区""三线"业务得到进一步巩固。海南区域经营部顺利承接鲁能海南总部安保业务。

高速保安服务业务新发展省内高速收费站 3 个，新增四川高速服务区停车区 3 个。注册成立了铁路护卫分公司、管线巡护分公司和高速保安服务分公司，保安服务专业化迈出了重要一步。

这一年，集团累计参与投标项目中标率达 50%，与齐鲁交通发展集团、菏泽联通公司、南京万达广场、菏泽市第二人民医院、济宁移动公司等一批客户签约，在医疗、通信领域取得重大突破，集团的竞争力进一步增强。

这一年，集团运行管理科技含量和服务质量再上新台阶。公司结合实际工作定制专用勤务手机，于 4 月发放 200 部在部分项目部进行试点使用，年底全面推广。运管部门加大督查力度，全年累计督查 4886 次，检查岗点 9089 个，查处违章违纪员工 2476 人次。开展客户满意度调查，显示客户满意率达到 99.82%，报警用户满意率达到 99.99%。

这一年，集团海外业务突飞猛进，风生水起。6 月下旬，董事长、总裁荀金庆到南非调研市场并检查指导华威雷德公司的工作。6 月 25 日，南部非洲齐鲁同乡总会聘任荀金庆为"第五届荣誉会长"；6 月 26 日，荀金庆董事长拜会了约翰内斯堡市公共安全局局长孙耀亨；7 月 2 日，山东省公安厅常务副厅长王兆玉在南非约翰内斯堡齐鲁会馆亲切接见了荀金庆董事长，详细了解了华威在南非的发展状况。

这一年，企业文化和精神文明开花结果，企业内质实现新的飞跃。6 月 12 日，集团"华威学堂"正式开课，成为向全体员工传授儒家文化、道德修养、业务技能知识的稳定平台。8 月 4 日，集团公司制定了《关于企业文化建设重构的实施方案》，决定对公司企业文化进行梳理重构，进一步凝练企业经营理念、核心价值观，重建企业文化建设体系，确立了"仁义诚信，立己达人"的华威核心价值观。

这一年，集团建制趋于成熟和完善。公司行管部门设有行政中心、财务中心、法务审计处、运营中心、人力资源中心、营销中心、企业文化中心、国际交流中心、总控中心、海外商务安全服务中心、曲阜华威国际贸易有限公司、特保大队、后勤管理处、党工办、华威管理干部培训学校等。

这一年，公司完成经营收入 30805 万元，员工 6231 人。人防客户达到 637 家，合同岗位 11036 个，同比增长 18.33%。

华威集团积极适应新形势，把握新机遇，迎接新挑战。政治上，他们对党忠诚，坚定执着；服务上，科学管理，纪律严明，勇于担当。以科技促发展，以文化铸企魂，以更加坚实的业绩拓宽企业发展空间。第二个五年规划期间，市场开发、科技创新、国际业务、重大活动（工程）保障等亮点频出，硕果累累。

2018 年 2 月，中央电视台春节联欢晚会在曲阜三孔景区万仞宫墙前的广场设立分会场，华威集团承担了持续 30 多天的安保任务，投入人力 200 余人，确保了春晚的安全万无一失。9 月 24 日，央视中秋晚会在曲阜尼山圣境主会场开幕。华威集团作为央视信赖的安保品牌，继 2018 年央视（曲阜）春晚后，再一次成为央视中秋晚会的安保供应商。为保证央视晚会彩排、录播和直播的绝对安全，公司共出动安检人员 260 名 2848 人次，安检设备 90 余台（套），工作车辆 20 台，警犬搜爆车辆 100 余台。现场查获各类违禁品 300 余件，证照不符、违规佩戴出入证人员 50 名，翻越安全围栏人员 1 名，安检入场观众、晚会工作人员 2 万余人次无一差错，圆满完成 2018 年央视中秋晚会安检任务。

2018 年 11 月 5 日至 10 日，华威上海公司又圆满完成了首届中国国际进口博览会安保任务，荣获组委会颁发的"贡献奖"奖牌。之后，华威上海公司成为历届进博会安保供应商。华威保安以其卓越的业务品质赢得组委会的认可和褒奖，得到了世界各国参展商的高度评价。

在 2018 年央视春晚、中秋晚会、尼山世界文明论坛、2018 年中国（曲阜）国际孔子文化节开幕式、中国国际进口博览会等大型活动中，华威保安一次又一次地出现在国家级平台，担当起安全保卫责任，实现了华威对主办方的安全承诺。"华威特勤""华威安检""华威安保"成为国内党政机关、知名企业、社会各界和媒体信赖的安保品牌。

2018 年 10 月 29 日，华威集团与华威安防科技股份公司共同发起，山东省内 20 多家联网报警运营商参加的"联网报警技术与服务创新"研讨会在华威集团总部成功举行，"山东区域联网报警联盟"宣告成立。省内运营商依托联盟这一平台，包容、竞合、共赢，实现了报警服务市场的良性循环发展。华威安防成为行业领跑者，当年新增客户756家，客户总量达到2328家。

2019年10月24日，华威集团日兰高铁护卫大队成立。随着华威集团总裁杨中河一声"出发"的命令，队员们意气风发，迈着坚定的脚步奔赴日兰铁路护卫一线。华威集团日兰高铁护卫大队共有队员200多名，配备巡护车6辆，服装装备300套，GPS定位仪100台、对讲机100部，承担着日兰高铁日照至费县的147千米的巡护任务。现在，华威共承担铁路护卫线路6条，巡护里程1200多千米，巡护人员1000名，作为"三线"之一的高铁安保成为华威安保项目的一大亮点。

2020年5月1日，集团湖北分公司顺利完成对中国长江三峡工程博物馆项目的承接工作。中国长江三峡工程博物馆是展示三峡工程的专题类博物馆，是以收藏、研究、展示长江与三峡工程，进行水电科技普及，开展长江大保护有关工作的物质和非物质文化遗产的大型专题博物馆。此项目的承接使集团公司整体市场布局及湖北分公司的发展掀开了新的一页。

2020年9月11日上午，随着一架红色美国产罗宾逊R44型直升机在尼山机场稳稳降落，标志着山东华威通航有限公司首架直升机顺利完成首次试飞，并与供应商西安海飞特公司举行了飞机交接仪式。

山东华威通航公司由华威保安集团与曲阜市方兴公司共同出资设立，主要从事应急救援、医疗救护、抢险救灾、森林防火、安全巡查、空中游览等业务，共同打造"华威通航"平台，顺应国家发展规划，充分发挥区域优势，带动周边经济发展，为曲阜地区的通用航空事业注入新鲜活力，为曲阜打造应急救援、圣城文旅产业贡献力量。

2020年11月5日至10日，第三届中国国际进口博览会在上海国家会展中心成功举办，本届进博会会场总面积近36万平方米，124个国家的企业参展，其中，来自G20国家的企业约1400家、"一带一路"沿线国家的企业500多家。在全球疫情防控形势仍然比较严峻的情况下，第三届进口博览会面临疫情防控和秩序安全双重挑战。作为进口博览会安保供应商，华威上海公司派出300余名保安骨干参与安保任务。作为连续三届进口博览会的"老将"，他们认真总结历届进口博览会安保工作经验，结合2020年上半年协助上海浦东新区洋泾街道进行疫情防控的方法和措施，有条不紊地开展各项工作，把主办方及公司的各项方案落到实处，交上了令人满意的答卷，受到了中国国际进口博览会主办方和上海保安协会的一致肯定。

2022年1月22日，华威集团北京总部举行揭牌仪式，这标志着"以山东为主体，上海、北京区域为重点"的"一体两翼"战略布局取得圆满成功。作为"二五规划"中市场布局重头戏的"三区""三线"市场布局与"一体两翼"战略相得益彰，全面开花。目前，华威承担的高铁巡护项目有青盐铁路巡护、青荣城际铁路巡护，高速巡护项目有日兰高速巡护、京福高速公路曲阜服务区巡护、山东高速集团保安队、山东高速集团四川乐自公路有限公司项目部巡护，管道巡护项目有国家管网集团泰青威泰安巡护、国家管网集团鲁皖处曲阜巡护、国家管网集团华北公司济南输油处聊城站巡护、国家管网集团山东输油公司曲阜巡护、国家管网集团山东天然气管道泰青威淄博巡护。

在整个"二五规划"的实施过程中，华威集团坚持"把握大局、顺势而为、转型升级、勇于创新、增强自信、稳中求进"的指导思想，全体员工团结一致，共同努力，克服新冠疫情等不利因素，圆满完成了"二五规划"确定的各项经营指标，保持了队伍的稳定及各项业务的健康发展。2021年，集团实现营业收入47193.78万元。人防服务客户804家，联网报警业务客户4005家，公司员工总人数9045人。

2022年7月6日上午，山东华威通用航空服务有限公司在山东曲阜举行了运行合格证颁发暨开业仪式，孔子故里、东方圣城首个通航产业发展平台正式成立。7月24日，随着华威通航罗宾逊R44直升机在圣城曲阜划过一道道优美的弧线，华威通航为曲阜方兴犁铧置业有限公司风雅颂楼盘项目提供的空中广告服务成功首飞。在直升机飞行和静态展示期间，吸引了四面八方的群众前来围观。参观者对直升机产生了浓厚的兴趣，纷纷拿起手机，与直升机拍照合影，成为引爆圣城的风景。华威通航将发挥自身专业能力，大力发展低空旅游服务，发挥在应急救援、城市管理、水土巡查监测、野外文物景点安全、森林防火等方面的重要作用。

　　千川汇海阔，风好正扬帆。华威人用责任浇灌出丰收的喜悦，用担当激发出奋斗的力量，谱写出企业高质量发展的华丽篇章。面对百年变局，华威处变不惊，华威通航、潍莱高铁、万达集团、吉利汽车、三峡集团等重点项目全面落地；进口博览会、中车创立纪念、国际孔子文化节、世界文明论坛、中国网络诚信大会现场安保服务，获得客户的高度评价。通过巩固传统人防优质项目，聚焦高速公路、铁路、石油、电力管线、化工园区、校园安保等专业领域安保项目的推进；通过加大对教育培训的投入，不断提升保安员的素质；通过创新服务模式，加快运营、营销管理体制改革，注重"人技"结合的发展模式，打造高效服务团队；秉持和坚守"仁义诚信，立己达人"的核心价值观，坚定践行"为客户创造平安，为员工谋求幸福"的企业使命，华威保安集团成为社会安定和谐的中坚力量和华威人共赴幸福美好未来的坚实平台。

第二章

内诚外信　事业基石

儒商智慧 信

"信"即"诚信",是儒家道德的重要范畴。"诚"指一个人内在的真诚,"信"指一个人外在的信用。孔子说:"人而无信,不知其可也。"(《论语·为政》)又说:"民无信不立。"(《论语·颜渊》)诚信是一个人、一个企业乃至一个国家安身立命的根本。

儒家的诚信思想有三个维度:一是诚信为本,立国立人;二是内诚于心,真实无欺;三是外信于人,言行一致。

诚信为本,立国立人。《论语·学而》记载:"子贡问政。子曰:'足食,足兵,民信之矣。'子贡曰:'必不得已而去,于斯三者何先?'曰:'去兵。'子贡曰:'必不得已而去,于斯二者何先?'曰:'去食。自古皆有死,民无信不立。'"在孔子看来,一个国家,需要有充足的粮食税负,充分的军备武装,但这些都不是立国的根本,真正的立国之本是民众对政府的充分信任。

对个人而言也是这样，信誉是人的第二生命，一个人没有信誉就不能立足社会。诚信是人们在立身处世、待人接物和生活实践中必须而且应当具有的真诚无欺、实事求是的态度和信守诺言的行为品质，其基本要求是说老实话、办老实事、做老实人。诚信之诚是诚心诚意，忠贞不贰；诚信之信是说话算数，信守诺言。它们都是现代人必须而且应当具备的基本素质和品格。在市场经济条件下，人们只有树立起真诚守信的道德品质，才能适应社会生活的要求，实现自己的人生价值。官员不诚信，社会就不会安宁。上面不诚信，下边就仿效。从"三鹿奶粉"事件到"地沟油""瘦肉精"等事件，说明我们的社会诚信已严重缺失。

内诚于心，真实无欺。诚信即诚实守信，能够履行承诺而取得他人信任。《现代汉语词典》对"诚信"的解释是："诚实，守信用。"这里，诚信有两个含义：①诚实，要求人与人交往时说真话，不掩盖或歪曲事实真相；②讲信用，遵守诺言。这两层含义都说明诚信是为人处世的道德准则，是一个道德范畴。《礼记·大学》说："所谓诚其意者，毋自欺也。"真诚实意，就是不自欺，不欺人，也不为人所欺。清代著名徽商胡雪岩在他杭州的药店里就挂了一块"戒欺"的匾牌。反观当今社会，政界欺世盗名者有之，学界抄袭剽窃者有之，商界假冒伪劣者有之。究其原因，都是丧失了真诚这一人之所以为人的宝贵品质。明末清初之际的儒者黄宗羲指出："诚则是人；伪则是禽兽。"今天，我们应该呼唤真诚，推崇真诚，恪守真诚，保持做人的底线，从根本上堵住道德崩坏的缺口，使真诚成为各种善行的根源，成为社会文明的基石。

外信于人，言行一致。从汉字结构来看，"信"由"人"与"言"两个字组成。在儒家看来，人应该"言而有信"。首先，人之所以为人，是因为人会说话。言语是人与人之间沟通的媒介，是人之所以为人的外在标志。其次，言语之所以有意义，是因为能够表达承诺。如果言而无信，言语再多也没有意义。儒家十分重视"言"与"行"的关系。就个人修养来说，是"讷于言而敏于行"（《论语·里仁》）；就与人交往来说，是"先行其言，而后从之"（《论语·为政》）；就判断他人来说，是"听其言而观其行"（《论语·公冶长》）。只有言而有信，言行一致，才能得到他人的信任。言行一致，是外信于人的前提。当今社会已经转型，从所谓的"熟人社会"转向"陌生人社会"。有些人在本乡本土循规蹈矩，很讲信用，但到了异地他乡，就放纵自我，坑蒙拐骗。其实，信用是一个人内心真诚的外在标志。内心不真诚，只能瞒得了一时，绝不可能到达事业成功的彼岸。

目前，我国的社会信用状况并不乐观。社会上很多人言必称利，人际关系中充满了"铜臭味"。我国个人商业银行信用体系也非常薄弱。经济生活中，不讲诚信的行为尤为突出，合同违约、商业欺诈现象严重；欠账不还、逃废债务现象普遍存在；假冒伪劣屡打不绝，偷税漏税活动猖獗。我国每年因不诚信造成的损失不计其数，信用缺失成为制约我国经济社会发展的一大顽疾。

中国历来就是一个讲究诚信的国度。中国传统的诚信观念突出强调诚实信用的道德价值，对于强化道德认知、弘扬道德情感、磨砺道德意志、坚定道德信仰、践行道德行为具有重要意义。中国古人将诚信作为道德行为的判断标尺，坚定地认为"言而无信非君子"，因而强化了"诚实"和"守信"在道德完善中的基础地位。中国人还把"信"作为修身养性的方法与途径，这无疑为个体的道德实践指明了方向，为道德认知向道德行为的转化架起了桥梁。

中华民族自古就有以诚为本、以信为先的文化传统。孔子一生崇尚诚信，把它作为立身处世的根本。继承孔子衣钵的曾子将"与朋友交而不信乎"作为"吾日三省吾身"的一项内容。事实上，曾子也是这样践行诚信的，即便是对自己未成年的孩子。《韩非子·外储说左上》讲述了一个曾参杀猪的故事。

曾子之妻之市，其子随之而泣。其母曰："汝还，顾反为汝杀彘。"妻适市来，曾子欲捕彘杀之。妻止之曰："特与婴儿戏耳。"曾子曰："婴儿非与戏耳。婴儿非有知也，待父母而学者也，听父母之教。今子欺之，是教子欺也。母欺子，子而不信其母，非所以成教也！"遂烹彘也。

曾子的夫人去赶集，她的孩子哭着也要跟着去。母亲对他说："你先回家待着，待会儿我回来杀猪给你吃。"夫人从集市上回来，看见曾子正要逮猪去杀。妻子劝阻他说："我只不过是跟孩子开玩笑罢了。"曾子说："小孩子是不能跟他开玩笑的。孩子没有思考和判断能力，要向父母亲学习，听从父母亲给予的正确的教导。现在你欺骗他，就是教育孩子骗人啊！母亲欺骗孩子，孩子就不会再相信自己的母亲了，这不是教育孩子的正确方法啊。"于是，曾子马上杀猪煮肉吃了。

因此，在践行诚信的过程中，我们一定要牢记以下几点：

心地善良，内心真诚，切记不可自欺欺人。鲁迅先生说，从水管里流出来的都是水，从血管里流出来的都是血。人在做，天在看，谁也瞒不了谁，谁也骗不了谁。商场上的人，一定要完成修身养性的目标，真正做儒雅之士。何谓儒雅？儒是智慧和品行的境界，雅是修养和气质的高度。儒雅就是学有素养，行有教养，心有涵养，为人有型，处事有格。

言行一致，信守承诺，一点一滴取信他人。古人云，君子一言，驷马难追。说出去的话，一定要兑现。一定不要做言语上的巨人，行动上的矮子；更不能嘴上说一套，行动上做一套。现实生活中，你只要有一次失信的记录，那就会影响你诚信的形象。

持之以恒，把好关口，方能立于不败之地。当今社会，五彩斑斓，斑驳陆离，现实生活中很可能会有各种诱惑和陷阱让你失足，这就需要考验你的"真诚"，是发自内心的诚实守信，还是为了一时之利的权宜之计。抵挡住了，就是胜利，一失足便成千古恨。古人说，涓涓不壅，终为江河；毫末不札，将寻斧柯。

诚信，是一个人的立身之本，是一个国家的立国之本。作为企业，诚信当然是其立于不败之地的根本。30年来，山东华威集团已经形成了自上而下的诚信道德体系。孔子说："子欲善而民善矣。君子之德风，小人之德草。草上之风，必偃。"（《论语·颜渊》）意思是，官员自己想要从善，老百姓也就从善了。当政者的道德好比风，老百姓的道德好比草，风吹到草上，草一定随风倒伏。因此，领导干部讲诚信，对于建设社会诚信体系起着决定性作用。华威集团董事长荀金庆以诚信待人，以诚信待员工，以诚信待客户，他让华威成为一个诚信道德高地，他以坚守诚信30年的善行带出一支庞大的诚信道德团队，这个团队的诚信善举辐射到其触角所及的方方面面，浸透到社会的角角落落。与此同时，华威集团诚信道德的雅风儒韵也滋养着自己企业这棵幼苗成长为参天大树，并30年常青。

人无信不立，业无信不兴，国无信不强。30年来，山东华威保安集团把诚信作为企业管理和文化的道德基础，建立全员诚信档案，实施诚信量化管理，建立完善企业诚信管理体系，营造敬业诚信的良好氛围，形成了以诚信为核心的企业价值观。

公司成立之初，客户对保安职责的理解不尽清晰，发生过数次客户过度或不当诉求，荀金庆等公司领导不埋怨不推诿，积极处理，为客户着想，让客户满意。表面上看，保安公司吃了亏，但在客户心中，在保安市场，埋下了"曲阜保安诚实守信"的种子。春华秋实，30年，这颗种子成长为傲然屹立的参天大树，这棵大树的每一圈年轮、每一个叶片上都闪耀着信义的光泽。

华威诚信体系建设表现为内在信仰、价值观和外在行为的统一，公司核心价值观"仁义诚信，立己达人"，就是要做到"内诚于心，外信于人"，把"品牌、质量、诚信、创新"作为企业目标，强调品牌是目标、质量是保证、诚信是根本、创新是动力。"华威保安"的价值不在企业的账面上，而在客户的心目中，根本就在于诚信。"企业要有契约精神，一诺千金，合同一经签约，就必须严格地去做，这就是契约精神。讲诚实、守信用是契约精神的核心，是市场经济的根本法则，一个成功的品牌背后是诚信。"苟金庆就是这样为华威这条大船掌舵，引领着前进的方向。

企业文化基因中的"诚信"因子，通过教育、引导、榜样的力量、激励机制的建立，逐步成为员工行为的道德基础。采访中，我们看到了华威诚信教育与管理机制在经营活动中的无缝覆盖，"自查自纠防松堵漏"措施，从根本上确保了诚信机制的可控、在控。"诚信"成为华威保安集团的"金色名片"。

诚信的企业是由诚信的员工打造出来的。华威保安集团近万名员工分布于大江南北、海内海外，他们恪守责任，为了客户人财物的安全，不怕困难，不怕牺牲，涌现了无数感人的事迹，得到了客户的尊重和社会的褒扬。他们的赤胆热血和有诺必践的执行力，让诚信之花鲜艳盛开！

诚所以"成"

第一个客户是怎样产生的？第一批队员是怎么派遣出去的？如何让社会认可"保安"这一新生事物？如何立足曲阜，走向全国、走向世界？说起这些，华威人都有说不完的话。

华威集团董事局主席荀金庆在《儒道兴业》一文中阐释了他的诚信理念。其实，当初组织让我创办保安公司，不是因为我有什么经验，更不是因为我有什么本事。我当时只有一个念头，既然组织需要我来干这项事业，并且我也答应了，就要尽自己的最大努力让它成功，不让别人看笑话。回首过去的 25 年，如果说华威的成功与我个人所起的作用有关的话，我认为最主要的还是我这个人的人品。人品是一个人安身立命的根本。一个人品不好的人怎么能做好一个企业呢？我对自己一生的评价就是四个字："诚实、认真。"如果别人也这么评价我，我也就满足了。我是土生土长的曲阜人，出生在儒家文化的发源地，自幼受到儒家文化的熏陶。做人诚实的品质是从我父亲那里传下来的，我父亲就是全村出名的老实人。做事认真，这是我在部队 17 年养成的习惯。我所从事的飞行事业造就了我严谨认真的作风，因为开飞机不同于开汽车，稍有疏忽就可能机毁人亡，来不得半点马虎。所以，诚实、认真成就了我的人生，成就了我的事业。

通过"试一试"，曲阜市水泥厂成为第一个客户，5 名队员迈出第一步，"认真负责、纪律严明，敢于拼搏、不怕吃苦，拾金不昧、团结奉献"的良好表现获得了客户的好评。很快第一批招聘的50名保安就被聘用一空，公司又开始招收第二批、第三批保安员。华威保安在曲阜的名气越来越大，发展也越来越快，保安队员竟处于供不应求的状态。到1994年4月，公司成立一周年之际，保安服务客户已达到30多家，在岗保安队员98名，还担负了1993年"国际孔子文化节"、大型祭孔乐舞演出等安全保卫任务30场次。

这个"试"，试的就是诚信，就是华威保安履职的能力。保安就是服务，服务必须诚信，只有保证和提高服务质量方能令客户满意，客户满意才能形成公司的品牌，有了品牌才能进一步促进公司的发展壮大。曲阜境内一些大的厂矿企业、学校、医院感受到了保安公司讲诚实、守信用，聘用保安省事省心，纷纷解散了自己的内保队伍，到公司聘请保安队员保护本单位的安全。

孔府家集团是曲阜的一家大型企业。原先厂内秩序比较混乱，内外勾结、盗酒成风。自1996年起，这个集团先后聘用了保安队员38人。由于保安的严格管理，厂内秩序变好了，财物流失杜绝了，厂领导尝到了聘用保安的甜头。该集团原董事长邢志远说："保安才是企业真正的守护神。"

远东铝业有限公司是一家台商独资企业。通过聘用保安队员对进出大门的物资进行严格盘查，仅2000年一年就查获多起内外勾结，偷拉、多拉型材的事件，为客户挽回10余万元的损失，受到客户的交口称赞。

曲阜一中是曲阜教育系统第一家聘用保安的学校。学校党委副书记殷洪林说："聘用保安后，学校内部治安、周边环境得到很大改善，未出现一次治安事故，学校内部管理有条不紊。几年来的实践证明，我们聘用保安是一个正确的选择。"目前，全市已有 12 所学校聘用了保安，在校值勤队员达 79 人。

曲阜市机关事务局保安队组建于 2000 年 6 月，下辖曲阜机关大院、机关家属院两个保安班，有 32 名保安员。该保安队始终坚持严格管理、文明服务。2006 年，被曲阜市文明委授予"十佳文明保安班"；2008 年，被曲阜市总工会授予"工人先锋号"；2013 年，被共青团曲阜市委授予"青年文明号"；2014 年，被山东省总工会授予"工人先锋号"。

曲阜市机关事务管理局对华威保安一直保持着高度的评价。1999 年 5 月，华威保安进驻曲阜市政府，第一任班长叫韦洪元，是个在单位尽责、在家尽孝的人。一直到现在，华威保安一直秉承认真负责的态度、勇于奉献的精神，口碑极佳。有一年，保安员值勤期间在施工工地的积水地槽中，勇于救助落水儿童，《曲阜保安报》上有记载。在驻市政府保安班，门卫都是形象岗，属于机关事务管理局管辖，保安工作到位，机关事务管理局和保安公司之间的合作和关系的处理都很融洽。

稳定占领曲阜市场后，华威大力实施"走出去"战略，形成"一体两翼"的市场格局，企业得到了快速且迅猛的发展。而这其中，诚信经营，就是最大的推动力。维护公司的信誉，就像爱惜自己的生命一样。退休干部、集团原副总经理米永友给我们讲了科技城门窗失窃事件的例子。2002年，曲阜科技城因门窗被盗而起诉了保安公司。经过了解，被盗事件已过去多年，且事发后保安队员已将被盗财物及时查扣上交给派出所，处理较为妥当。但当荀金庆得知起诉情况后，立马找到科技城负责人，让对方核实经济损失，并当场承诺赔偿。科技城负责人被荀金庆的宽宏大度、诚实守信行为所折服，表示马上撤诉。

在荀金庆心里，客户是上帝，宁可自己吃亏，也不能让客户吃亏；我们服务于客户，取之于客户，客户至上是永恒的真理。信誉是企业的生命，必须守住这条底线。"在我们与客户的交往中，守合同、重信用，是我们坚守的最主要的核心理念。在华威这个群体中，诚信已经成为大家共同遵守的铁规，没有人敢不守诚信。华威能走出曲阜，走出山东，走出国门，靠的也是这一条。华威是第一家进入上海的外省保安公司，我们为什么能在上海立足？他们知道这家公司来自山东曲阜，孔老夫子家乡的人，做人厚道，做事认真，所以，得到了充分的认可。因为我们坚持诚实、守信，所以，华威才有今天，这是华威最珍贵的精神财富。"荀金庆如是说。

公司把员工职业道德教育，特别是诚信教育作为平时学员和员工教育的一项重要内容，一直紧紧抓在手上。1994年至2008年，公司改制前，围绕开展"诚信"服务，保持和提高服务质量，开展了"四无一满意"评比活动，即无旷工、无漏岗、无责任事故、无案件发生，客户满意。开展了"双创一保"活动，即创优、创满，保安全。还开展了优质安全服务月活动、流动红旗评选活动、"企兴我荣、企衰我耻、敬业爱岗"服务竞赛活动、班组规范化建设活动等。

2009年公司改制后至今，在保安队伍中开展了"让客户满意，创华威品牌"活动、"质量管理提升年"活动、"素质提升年"活动、"三化建设"（服务标准化、管理规范化、工作流程化）活动、"创优质服务，保客户平安"活动、"岗位练兵、大比武"活动、"三讲二学"（讲学习、讲团结、讲正气，学儒家经典、学西点军校军规）活动等。

保安业是个特殊的服务行业，它和一般的企业不同，没有具体的产品。保安的产品就是服务，而为客户提供服务的主体就是人，也就是一个个具体的保安队员。可以说，每一个保安队员的优质服务，从某种意义上说，就是公司的一个优质产品。以上这些活动的开展，使诚信服务内化于心、外化于行，对培养和提升员工的诚信服务意识，保持和提高服务质量，促进公司发展壮大，起到了积极的推动和促进作用。

"诚是真实无妄的本然之道，诚是忠信笃行的行为之源，诚是稳健行远的立业之本"，在上海采访时，华威集团副总裁、上海区域总裁孙勇给我们谈了他对诚信的认识，并讲述了一个"诚信叩门"的故事。

浦东税务局的安保工作作为公司运行长达 11 年的项目，自 2011 年 1 月 31 日承接之日起，由最初的 3 个项目，逐步发展为承接浦东新区包括税务大厦在内的税务系统所有的项目。承接之初，孙勇前往税务大厦拜访客户领导，在交谈中客户孙经理问了他这么一个问题："什么是合作的基础？"

"诚，诚信的诚。"孙勇不假思索地回答道，"无论是人和人之间，还是企业与企业之间，交往与合作的基础都是诚，而目标则是共赢，相信在今后合作的日子里，无论是您还是税务局其他人，都能看到我们华威保安拿出全部的诚心诚意去对待每一件事。"他是这样说的，也是这样做的，直到现在华威与浦东税务局还一直保持着良好的合作关系，成为华威公司与客户合作运行时间比较长的项目。

诚实守信，严格落实与执行各项服务合同条款，公司的保安服务赢得了客户的信任与赞扬，也得到了社会各界的高度评价。2013 年 11 月，华威集团公司被济宁市人力资源和社会保障局评为 A 级诚信服务单位；2015 年 8 月，集团公司获得银企通 AAA 级企业信用等级证书；2016 年 11 月，获得中国中小企业协会颁发的"企业信用评价 AAA 级信用企业"证书和牌匾，成为中国中小企业协会会员管理单位。

"我就是遵循'做人讲诚实、做事讲认真'这两个信条去要求我自己，去要求各级管理者直至员工。'诚'所以才'成'，这是我悟出来的道理。"荀金庆的这句话道出了华威成功的真谛。

诚信就是生产力

诚信是企业生存和发展的基础，也是企业树立品牌、维护品牌所必须遵循的道德准则。如果企业诚信意识淡薄，消费者必然会用脚投票。一般来说，企业经历了价格竞争、质量竞争和服务竞争之后，就会进入声誉竞争的阶段。诚信是企业最重要的无形资产，是最好的竞争手段，也是一种生产力。

从经济学角度来讲，诚信是一个单位、企业、地方的最大效益，因为不讲诚信，就没有合作者、同路人，就没有合作平台和空间，就没有市场扩大化、效益最大化。"诚信经营就是生产力，就是竞争力"，这就是华威人的共识和意志。

2012年的下半年，公司开始在全省范围内征求华威的品牌宣传口号。山东电视台编导张春生先生的投稿"华诚致远，威行天下"被选中。"华诚致远，威行天下"，其蕴含的真义就是"华威以诚信而发展壮大，享誉世界"。

通过在保安队伍中树立"诚信"的服务理念，制定规章制度，对公司员工长期进行培训教育；持续不断地开展各项提升服务质量的活动；加强与客户的沟通交流，主动征求客户的意见与建议；不断改进工作措施，加强员工内部监管，使"诚信"服务成为员工思想与行为的基本准则。我们选取日照、青岛、北京、济南、江苏市场经营的几个片段，来看看"诚信"的力量。

2002 年 7 月，董事长荀金庆高瞻远瞩，抓住曲阜师范大学在日照扩建分校的机遇，果断决策，点将时任公司二大队内勤聂全峰同志带领 3 名曲阜籍保安队员成功进驻日照，曲阜师范大学日照校区分部成为集团公司第一家驻外值勤点。

曲阜师范大学日照分校建校初期，各项设施设备还未完善，校区周边一无围栏二无监控设备，这无形中加大了保安人员的值勤难度。同时，由于建校征用了部分村民的土地，除了日常的安保工作，队员们还要处理与当地村民的矛盾冲突。聂全峰带领公司第一批特勤队员，严格要求，严格管理，加大巡逻，勤于检查，密切关注值勤动向，依规解决矛盾冲突，冷静处理执法矛盾，得到了学校领导及周边群众的一致好评。依托曲阜师范大学日照校区，日照分公司业务靠诚实守信、认真履行合同职责、信守承诺的优质服务逐步向大学城周边学校辐射，相继承接了山东水利职业学院、日照海事学院、日照技师学院、日照机电学校、日照东港实验学校、日照济南路小学、曲阜师范大学附属实验学校、日照市新营小学、日照后村镇中心幼儿园等高职类、中小学及幼儿园近 30 家客户。

日照的业务逐渐扩大以后，成立了日照分公司。2010 年 3 月，日照钢厂一次性把 107 个保安岗位从当地保安公司手中移交给了华威保安。发展至今，日照分公司已有客户 78 家，保安服务岗位 1210 个。

2012 年 2 月，公司决定开发青岛保安市场。经过公司副总经理颜承国和办公室主任毕景桢走访宣传，青岛卷烟厂成为华威保安青岛分公司的第一个客户。保安上岗后，他们没有沾沾自喜，而是怀着诚信的服务理念，狠抓服务质量，加强与客户的沟通交流。每逢节假日都去拜访客户领导，征求对保安工作的意见和建议，及时对工作进行改进，查获了一大批往外盗卖香烟的人员。

有一次夜间下大雨，保安队员巡逻时发现雨水渗进了存放卷烟的仓库。如不立即抢救，仓库里面存放的几百箱香烟就会受损。保安队员立即将情况报告给烟厂有关领导，并协助将仓库的香烟挪放到了干燥、安全的地方。保安队员诚信的服务，逐渐取得了烟厂领导的信任。保安岗位从最初的 20 个岗位，增加到 140 多个岗位。华威保安在青岛打响了第一炮，站稳了脚跟。

青岛分公司又通过与山东科技大学沟通联系竞标成功，增加了 50 多个岗位。继而，青岛分公司又入驻青岛中车集团，争取到了这个高端客户的 80 多个岗位。经过多年发展，现在青岛分公司已有客户 48 家，岗位 1250 多个。

中国石化长城润滑油有限公司作为"中国航天合作伙伴"，为神舟系列载人飞船、嫦娥系列探月卫星的成功发射提供了润滑油保障，它是国内同行业中的第一品牌。但是多年来，该公司内部偷油、盗卖物资的现象时有发生，屡禁不止，弄得公司领导很是头疼。2011 年 4 月，中国石化长城润滑油有限公司经过多次考察后，决定聘用山东华威保安集团的保安队员。5 月，进驻长城润滑油公司的华威保安，根据大门口进出的车辆、人员情况，制定了"三看一查"的检查方案：一看驾驶员及随车人员的表情是否正常，二看车辆有无携带额外容器，三看车辆是否携带火种火源；严查车辆原始提货发票是否货票相符。

通过采取"三看一查"的措施，保安队员们发现和查获了多起违章违法人员携带的汽油、润滑油、冷却液等物品。此后，到长城润滑油公司运送货物的司机们知道了华威保安"三看一查"的规矩，违规携带物品外出的现象基本没有再发生过。长城润滑油公司又把华威保安介绍给了中国石化总部，拓展了华威的保安业务。

中国石化机关事务管理局安保处科长罗朝彬在 2018 年庆祝集团公司成立 25 周年大会上发言时说："从 2014 年开始，中国石化聘用华威保安提供安保服务。多年来，华威保安为保证中国石化总部以及中国石化其他项目的安保护卫工作，为维护办公秩序及内部稳定都作出了很大的贡献，发挥了重要的作用。保安队员战酷暑、斗严寒，24 小时全天候守护在各个岗位上。也就是因为你们良好的操守，辛苦的付出，才保证了总部干部员工正常的工作秩序，让中国石化树立了良好的形象，得到了总部各级领导和全体员工们的赞扬与肯定。"

2011 年 7 月，公司决定开发济南保安市场。华威集团副总裁颜承国带领陈新国、桂峰到济南筹建济南分公司。济南市公安局市中区陡沟派出所民警王明永为华威排忧解难，帮助协调居委会、物业、地方单位与部门，帮助办理注册手续。2011 年 9 月

26 日，山东华威保安集团股份有限公司济南分公司在济南英雄山路 84 号鲁润名商广场正式挂牌成立。

王明永在《我与华威结缘》一篇文章中写道："这是一群干事业的人。这些年来，我目睹了华威济南分公司的成长历程，从无到有，从弱到强，从当初只有 5 个保安到如今发展到 700 多名保安，从原来单一的分公司到现在创建了德州、泰安、铁路护卫、高速公路等子公司，从过去的一处出租房屋到现在的初具规模具有高标准的现代化办公场所。我为华威集团济南分公司的发展壮大感到自豪、感到骄傲、感到欣慰！"

王儒才，现任华威江苏分公司总经理，1998 年毕业于曲阜市职业中专保安班。从一名保安员逐步成长为分公司总经理，一路走来，他始终秉持起于华威、忠于华威的信念，踏踏实实走好每一步。

2014 年，集团公司委派王儒才负责开发江苏保安市场。开展业务的第一站是江苏泰兴。当时可以说是两眼一抹黑，没有市场，没有人脉，没有资源。为了能够对接到业务，他和综合部主任马金鹏等到各个物业小区登门拜访，悄悄记下墙上的物业负责人号码，回来之后再一一打电话询问是否需要聘用保安。

那段日子他们不知吃了多少闭门羹，坐了多少冷板凳，但是依然风雨无阻。功夫不负有心人，他们终于成功接到了安佳物业这第一笔业务，心中的喜悦之情溢于言表。要做就要做到最好，树起口碑才能立足于此。从队员招收培训再到业务的开展，他们都严把质量关口，很快就赢得了客户的认可，从而又顺利接下了隆府物业、祥生未来城等几个项目的安保业务，打开了泰兴保安市场。

2015年，集团决定成立江苏华威保安服务有限公司。开业典礼那天，董事长荀金庆满怀期待地对王儒才说："南京的业务发展，我等着你的好消息。"这句话让王儒才一直铭记于心，认为这是董事长对他的信任、期望，更是鞭策。

南京经济发达，保安需求量大。王儒才到处去联系老乡、朋友，希望能够得到更多的业务信息。通过老乡介绍，公司成功接下了南京利源集团旗下的爱丁堡饭店的安保业务。但是，业务开展并没有想象中的顺利，仅仅几个月后，甲方便想终止合同。因为饭店属地的国有保安公司凭借地域优势和安防报警系统捆绑经营，向客户施压，要求承接利源集团承办的"美术展"安防并且捆绑人防业务。当时，江苏公司刚刚成立，队伍不大、实力不强。集团副总裁孙勇同王儒才到利源集团沟通，向利源刘总经理介绍了集团诚信经营的理念，推心置腹地说明情况，表示虽然我们现在还未发展壮大，但会以本项目为窗口，抓好队伍管理及服务质量，确保项目不出现任何问题。刘总经理听后，表示可以给公司一段时间，看综合服务质量后再决定是去是留。回到公司后，王儒才立即组织人员召开专题会议，将提升综合服务质量作为目标，不惜一切代价保住阵地。

会后，各部门按照职责开展工作，每天检查服务质量，得到酒店经理、业务主管的一致好评。次月，利源集团主办"2015第二届南京国际美术展"，将安保重担压在了华威保安身上。他们深知完成好这项任务意义重大，是一步能否继续合作的关键之棋。为圆满完成任务，公司特抽调上海公司特保队员前来助阵。值勤期间，无论是礼节礼貌、值勤形象、岗位履职还是突发事件处置均取得甲方一致赞誉。任务圆满完成，华威保安赢得了利源集团各级领导的充分信任，因此巩固了合作关系，还先后连续4年承接了该集团主办的艺术节安保任务。时至今日，华威保安与利源集团合作达7年之久。

南京市场保安公司大大小小共有180余家，并且国有保安公司市场占比巨大，市场发展有很大的约束性，有一段时间市场开发难度很大。在一筹莫展之际，王儒才长期跟进的客户泰永源物业给他们抛来了橄榄枝。他们往返几次登门拜访，介绍公司、商议价格、制定方案，针对甲方提出的问题一一解答，承诺绝对保证服务质量。在得到甲方信任后，接手了第一个项目——九龙湖人才公寓。

但事情比想象的要复杂，刚进驻时，发现项目管理起来并不容易，公寓管理不同于小区，居住人员不确定、车辆停放无秩序现象非常严重。根据现场情况，他们制定了管理方案，重新梳理了人员出入、车辆停放管理办法，跟客户进行沟通。公司所有管理人员全部奔赴一线，协助管理。保安员尽职尽责，遇到有住户、商户不理解的行为，就一遍遍地解释；遇有车辆乱停放的问题，就一遍遍地巡逻并告知停放的指定位置。接岗后一周的时间，管理难题基本解决，客户非常满意，表达了长期合作的想法。服务一年后，科创园人才公寓等项目也交给华威保安管理，各项工作顺利展开。

通过诚信的口碑、优质的服务质量，华威江苏分公司不仅获得了客户、员工的信任，更是被社会所认可。2017年至2021年，江苏分公司先后被南京市公安局评为"先进保安服务公司""先进保安服务集体""十佳保安服务公司"等；2019年公司被评为二级保安服务公司资质。总结江苏市场成功的经验，王儒才说了三句话："初入南京，诚信经营是敲门砖；市场拓展，诚信经营是垫脚石；公司管理，诚信经营是常青树。"

忠信笃敬，知行合一。华威保安集团践行诚信道德理念，从员工教育培训、服务产品宣传推广、服务质量控制、合同履行及纠纷处理，形成了一套华威保安独有的诚信服务体系，使公司走上了健康发展的道路，公司越做越大，越做越强。通过30年的发展，在全国唱响"华诚致远，威行天下"的华威保安品牌，他们用强有力的发展事实证明了"诚信就是生产力"。

成功取决于执行力

公司与客户签订的保安服务合同，是一种相互诚信的契约。契约精神就要求每个人坚决做到"言必信，行必果"，养成顾大局、勤思考、干实事、讲效率的工作作风。把契约变成现实，最终就取决于执行力。

2000 年的一天夜间，曲阜地毯厂发生了一起仓库被盗案件，第二天仓库保管员报案。时任公司督查部主任颜承国去调查当天的保安值勤情况，以便进行追责处理。可是当天夜间值班的保安队员都说自己按时巡逻了，责任在谁身上一时难以分清。

时任总经理荀金庆听取情况汇报后，斩钉截铁地说："在保安值勤中，发生客户被盗事件，这不是小事。是谁的责任肯定得追究，我们与客户签订有服务合同协议，如果不按照协议执行，客户还能信任我们吗？现在被盗案已经发生了，亡羊补牢犹未晚也，堵塞值勤巡逻工作中出现的漏洞，防止今后发生类似的问题是个大事，只有这样，才能重新获得客户对我们的信任。"

荀金庆放下其他工作，就堵塞夜间值勤巡逻漏洞这个问题与颜承国进行了反复研究。经过一番实地勘察和广泛听取客户和保安队员意见，制定出台了"定点定时巡逻法"。

所谓"定点定时巡逻法"，就是根据客户单位的实际情况，绘制客户单位重点保卫部位巡逻的正、反两个方向的线路图，确定巡逻应到达的时间，值勤保安队员必须按照巡逻路线按时到达定点部位，检查门窗是否关闭牢固，有无烟火、异常等隐患，在固定的签到处放置的记录本上签写值班队员巡逻到达的时间，附记天气情况。根据巡逻守护区域的大小，按每 15 分钟或半小时确定巡逻的时间和次数。巡逻记录一式三份，分别由值班队员和各级查岗的骨干掌握，对外实行保密。

这种带有一定神秘色彩的定点定时巡逻法，为客户单位编织了一张无形的保护网，不仅使值勤保安增强了责任感，不能再偷岗、漏岗、睡岗，也使不法分子无空子可钻，堵塞了防范的漏洞，直到今天仍在使用。

荀金庆又根据公司保安值勤点存在分布范围广，单个值勤点保安人数少、力量薄弱，客户和保安队员的自身安全难以保证等问题，与颜承国等管理骨干研究制定出一套"联防联动处置方案"。所谓"联防联动"，即某单个值勤点发生了突发情况或案件，立即通过无线或有线通信设备联络，向其他值勤点请求支援，短时间内调集人员进行应对处置。同时，把报警中心机动队纳入机动力量，24 小时随时待命。

从此，保安队伍成为一支来之能战、战之能胜的有机整体。颜承国和保安骨干们在保安值勤巡逻中还创立了拉线法、夹暗记法等，这些管理办法虽然有点土，但是在工作中却十分管用，赢得了客户的好评。

为了进一步加强和保障客户安全防范，公司要求各单位经常组织开展以防盗、防火、防自然灾害事故为内容的三防大检查，及时向客户发送《安全隐患整改通知书》，对客户存在的安全隐患提出整改意见和建议。30 年来，公司通过进行安全防范检查，共消除客户各类安全隐患 64110 起，避免和挽回直接经济损失约达 2153 万元。

为了将诚信服务落到实处，切实提高服务质量，加强对保安队伍的管理，防止损害客户利益和保安队伍形象的事情发生，自1994年11月开始，公司在保安大队下面设立了稽查分队，对保安队伍进行稽查监管。1998年8月改为督查室，2001年改为督导部。

2009年公司改制后，将督导部改设为质量监控中心。随着公司业务的不断扩展，2010年，华威集团公司成立后，设立了运营中心，将质量监控纳入运营中心，负责各子公司、分公司的服务质量监管工作。

不论白天还是夜晚，运营中心不分时段地派出人员对集团公司下属各单位的服务质量情况、业务开展情况、队伍管理情况进行全方位的抽查，对发现的问题要求有关单位和个人立即进行整改，对违反公司规章制度的行为和侵犯客户利益的行为及时进行制止、纠正。

从2017年开始，集团公司投入巨额资金，依托集团总控中心，在下属各子公司、分公司值勤岗位建设了集团公司二级管控平台。通过视频就可以对公司的基层值勤岗位进行监管，便于随时发现和纠正保安队员在值勤中发生的问题。利用这种高科技手段对保安工作进行管理，既缩短了督查所需的时间，又节省了费用。

在执行服务合同方面，公司设立了举报投诉电话，将电话号码公之于众，随时接受客户和人民群众对保安队员违反服务合同协议、侵害客户和群众利益的举报投诉，及时进行查处回复。

公司经常征求客户对保安工作的意见和建议，加强了与客户的沟通交流。自 1997 年开始，在每年的一二月，公司都会召开一次客户座谈会。主要向客户单位领导汇报上一年度的工作，征求对下一年度保安工作的意见和建议。

　　每年的年中和年底，公司则成立有关领导和管理人员参加的检查组，按照事先制定的考核标准，对各子公司、分公司的质量运行、业务拓展、队伍管理、客户满意度等情况进行量化检查。对客户进行走访，面对面征求客户对保安工作的意见与建议。通过历年的客户满意度调查，各子公司、分公司的满意度每年都保持在 95 分以上，公司以此作为评选先进单位、先进班组和先进个人的依据。

　　著名的"三孔"旅游区与华威合作已达 20 年。曲阜市文旅局副局长夹继坤对我们说："在曲阜市文物局，现在合并为曲阜文旅集团，我主要负责安全保卫工作，华威保安的入驻时间我记得很清楚，是 2002 年 4 月 23 日。合作以后，从客户的角度看，我们和保安公司之间的关系是最和谐的。发自内心讲，我认为：一是华威保安集团发展越来越壮大，内部管理机制也日臻完善；二是监督管理方面要求严格，最早的督查室、现在的集团运营部、各个分公司运营部人员都尽职尽责；三是能相互沟通，解决一些棘手问题。我们之间在合同上看是平起平坐，其实是我们购买社会服务，华威集团提供外包服务，能够合作这么多年，沟通很重要。总体来说，华威集团是家优秀的保安企业，我们用起来放心。"

在上海公司采访时，我们了解到自 2020 年新冠疫情发生以来，保安市场的发展也遇到了很多困难，很长一段时间，公司都没有新的业务突破口，一些老客户也由于经受不住疫情带来的冲击而摇摇欲坠。在这个时候，通过之前合作建立起深厚友谊的申城物业孙斌总经理给华威集团副总裁、上海区域总裁孙勇打来电话，说有个项目，但是因为疫情关系，服务费上要求让点儿利，肯定没有之前合作的项目利润高，问有没有承接的意向。

孙勇听到后，内心有了动摇，因为报价已经低于自己能接受的底线。但想到长期以来的合作，想到彼此之间的信任，新冠疫情之下的困难总是暂时的，只要能够确保保安员的工资，这活儿就要接。项目承接下来，但接着又出现了人员短缺严重的情况。上海华威保安公司全体行政管理人员立即分组前往火车站、劳务市场进行招聘，并利用微信发动亲友，最终在大家的齐心协力下，工作开展得圆满顺利。申城物业从上到下的工作人员对华威人的工作效率非常满意，后来又陆续将馨慈、馨雅、凌东等几个大项目交给华威，而且物业交房等大型临时勤务活动也全交由华威来做。目前，华威上海公司承接申城物业项目占申城物业总项目的三分之一以上。

诚信是一种思想观念，需要落实在行动上才可以开花结果。执行力就是将思想转化为行动、把理想变成现实、把计划变为成果的能力。执行力体现着一种工作态度、精神状态，一种思想作风、工作作风，也是一种综合能力，包括政策领悟力、实践结合力、团队建设力、协调沟通力、过程控制力等。华威保安集团重视诚信教育和诚信体系建设，更能强化执行力。诚信与执行力高度融合，已经成为华威强劲发展的动力。

赤胆热血铸忠诚

他们在单位的门岗值守，在管道线、高铁线巡逻，参与武装押运，护卫重大活动。其实，他们就是同保洁、维修等工种人员一样的普通劳动者。虽身穿制服，看上去威武，实际上就是一套区分职业的工作服。他们没有执法权，没有制暴武器，他们是在用自己的血肉之躯构筑社会安全的屏障，用辛勤的劳动让人民群众安居乐业。

华威保安就是这样一群人。在保安值勤中，他们有着一腔为人民服务的赤诚和不怕坏人、不怕流血牺牲的一身正气，经受住金钱、权势、威胁等方面的严峻考验，抵制和识破各类违法犯罪人员玩弄的伎俩、花招，及时地制止他们、战胜他们。30 年来，保安队员们在与违法乱纪现象、邪恶势力斗争的"战场"上，用责任担当谱写了一曲曲可歌可泣的动人乐章。

抵挡诱惑，恪尽职守。1995 年 5 月 16 日，公司驻曲阜市天幕公司保安队员史玉彬在大门口值勤。天幕公司一名职工拉着购买的一车玻璃要出大门。史玉彬按照客户规定对进出人员、车辆、货物例行检查。那名内部职工掏出 100 元人民币塞给史玉彬，要求史玉彬高抬贵手放行。面对金钱诱惑，史玉彬心不动、手不软，对车上的货物按照出库单一一进行了查对，结果发现车上多拉了1100多元的玻璃。他立即报告厂方，按照规定对那名内部职工进行了处理。隔了两三天，一辆拉下脚料的汽车从天幕玻璃公司大门驶出，正值保安班长贾传林在大门口值勤。车主拿着200元钱硬往他的衣服口袋里塞，意思也是不让贾传林对车辆进行检查，被贾传林严词拒绝。车主无奈，只好去财务科补交了1980元的罚款。客户单位领导对史玉彬、贾传林二人所表现出来的崇高职业道德，在全厂通报表扬，并给予了物质奖励。

临危不惧，英勇顽强。地处八宝山下的金塔王集团是曲阜的骨干企业，也是最早聘用华威保安的企业。1997年2月22日，一名窃贼潜入该集团办公楼企图行窃，被巡逻的保安员张奉奎、颜强碰个正着。绝不能让窃贼逃掉！二人进行紧急围捕。窃贼见无路可逃，恶狠狠地拿着杀猪刀吼道："识相的，让条路！"保安员面对手持凶器的歹徒毫不畏惧，果断地将其擒获。搏斗中，颜强的头部、手部多处被砍伤。犯罪分子被抓获归案，后被判处有期徒刑10年。

不惧恐吓，坚持原则。1997年4月的一天中午，4辆装载着货物的汽车就要驶出曲阜啤酒厂大门。公司驻啤酒厂保安队员孟祥玉、霍雨勇按照车辆出货单对驶出的车辆进行例行检查。结果发现，最后一辆车上的货物与前面3辆车上的货物名称不符，保安队员当即令司机停车复查。厂内一个干部模样的人走过来说道："我是饲料分厂的厂长，这车货不会有什么问题的，你们放行吧，有事我承担。"孟祥玉、霍雨勇二人没有被那位干部的大话唬住，坚持认为货物与出厂单上的证明不符，应该予以扣留，他们将司机及拉货的车辆一起交到厂保卫科进行审查处理。啤酒厂保卫科迅速查明，这是一起内外勾结，欲将一车酵母伪装成饲料拉出去倒卖的恶性盗窃案件。因为被保安队员慧眼识破，一次就为客户单位挽回了经济损失 24600 余元。

保安英雄，圣城荣耀。2006 年 10 月最后一天的夜晚，公司驻中兴纸业保安队员王承龙正按照规定在厂区内巡逻。深夜 2 时许，他巡逻到中兴纸业厂院的东北角时，突然发现院墙里边一个原先放倒在地上的大油桶竖立起来了，上面还摆了个乳胶漆桶。可是，他清楚地记得，30 分钟前巡逻到这里时，看到的油桶不是竖着放的，而是横着放在地上的。

发现情况有了异常，王承龙脑海里立即意识到，一定是有人从这里潜入或者翻墙出了厂子。他高度警觉起来，对厂区再次进行严密的观察和搜索。当搜寻到厂区办公楼附近时，突然发现办公楼里隐约有一束灯光在晃动。

夜里两点多钟，3 名窃贼翻墙进入了中兴纸业厂区，他们留下 1 人在楼门口望风，2 人去撬盗楼内的财务室。正在作案的时候，看到了王承龙搜寻的手电亮光。3 名窃贼唯恐被抓，立即放弃作案，迅速跑出办公楼，向西面大约 100 米远的厂子大门口奔去。王承龙马上追了上去，一面追赶，一面大声呼喊："快来抓小偷，抓住他们，别让他们跑了！"他几步冲上前去，抓住了其中的一个歹徒，那歹徒就和他厮打起来。

正在大门口值勤的保安队员夏志锋听到王承龙的呼喊后，立即关上厂子大门，手拿护卫工具飞快地赶来增援。在车间的拐角处，夏志锋迎面遇上了从东面跑过来的两个窃贼，接着就和窃贼厮打起来。两名歹徒和夏志锋边打边慌张地向中兴纸业大门口逃去。黑暗中，追赶歹徒的夏志锋不慎被脚下的冬青绊倒在地。

即将跳出大门围墙的两个歹徒，回头看到追他们的人倒在了地上，竟然折身返回到夏志锋跟前，用作案的铁棍朝着夏志锋的头部凶狠地砸了下去，夏志锋的头部多次被铁棍击中，顿时血流如注。两个穷凶极恶的歹徒用铁棍把夏志锋砸了一通，听到地上歪倒的人不呼喊了，没有了动静，认为已被砸死，这才慌忙翻墙逃走。

与王承龙厮打的那名歹徒，跑到了厂子门口扒住大铁门想翻过去！王承龙冲上去从后面抓住那个歹徒的腰带，使劲往下猛拽，竟连大铁门上的铁栅栏都拽弯了，两人一同摔倒在地上，王承龙紧接着爬起来再次把歹徒制伏。

此时，夏志锋倒在地上已经昏迷，王承龙抱住昏迷不醒的夏志锋大声呼喊道："志锋，志锋，你要挺住，你要挺住啊！"

一边是昏迷不醒、生命危在旦夕的战友，一边是想伺机逃跑、行凶作恶的歹徒。正在王承龙心中焦虑万分的时候，厂内上夜班的职工孔祥华恰好从车间出来上厕所，发现保安队员的情况紧急后，急忙返回车间喊来同事帮助看管歹徒，忙将受伤的夏志锋抬到值班室里，紧接着拨打了 110 和 120 电话报警求救。

医院急救中心的医生迅速对夏志锋进行了检查，发现夏志锋头部颅骨骨折，脑挫裂伤，立即进行手术，头部缝合了将近 30 针。大约过了 30 分钟，手术后醒来的夏志锋第一句话就问："犯罪分子抓住了吗？"听到"抓住了一个"的回答，夏志锋感到很欣慰。

时任曲阜市委纪委书记、市政法委常务副书记、市公安局政委等领导，于 11 月 2 日到曲阜市人民医院看望慰问受伤的保安员夏志锋，为他送上鲜花和 2000 元慰问金。11 月 6 日，共青团曲阜市委、曲阜市公安局授予王承龙、夏志锋"青年卫士"荣誉称号。2007 年 4 月 28 日，曲阜市社会治安综合治理委员会授予保安队员王承龙、夏志锋"见义勇为先进分子"荣誉称号，为每人颁发奖金 2000 元。

华威赞歌，浦江传颂。2007 年 1 月 22 日晚 9 时 52 分，驻上海保安班班长孔勇值勤时在监控室录像画面中发现小区对面一商铺突然起火，立即向队长孔国汇报，孔国迅速组织队员邱宇、马康、汤先锋手提干粉灭火器赶到现场奋力扑救，火势得到控制。几秒后，火苗再次蹿出，孔国及时拨打 119 报警求救，消防车赶到后终于将火势彻底扑灭。当晚 10 时 53 分，班长孔勇接受上海电视台记者采访，保安员救火事迹于 1 月 23 日在《上海新闻》栏目中播出。4 月 19 日，保安员邱宇被上海市杨浦区授予"上海市杨浦区见义勇为先进分子"称号。

金融卫士，反劫英雄。2008年2月18日下午4时许，一名中年妇女在建设银行曲阜支行陈桥分理处自动取款机室内取出2000元现金，正准备离开时遭一名持刀男子抢劫，该女士大声呼救："抢劫了，抢劫了！"正在值勤的保安队员孔繁冬听到呼声后，立即冲进自动取款机室内，赤手空拳与持刀歹徒展开搏斗。他不顾个人安危，猛地抓住男子的衣领，将其拖出屋外摔倒在地，被劫持者趁机逃脱歹徒控制。在随后赶来的群众的帮助下，犯罪嫌疑人被制伏，后被移交公安机关。山东省建行在全省范围内召开安全防范工作会议，邀请公司领导和孔繁冬参加，赠送给保安公司写有"严管理培育金融卫士，反抢劫谱写英雄壮歌"赞语的锦旗一面，奖励孔繁冬现金10000元。

沉着冷静，机智勇敢。2008年11月，泰山医学院学生公寓接连发生被盗案件，引起医学院保卫处的高度重视。通过查看监控录像，锁定了盗窃嫌疑人。保卫处遂将盗窃嫌疑人的监控录像打印成图片，分发给在校门口值班的保安队员，要求保安队员在进出校门的人员里面，注意发现这个盗窃嫌疑人。

隔了十多天，12月8日下午1点多，一辆牌号为鲁JP77××的长安之星汽车驶到了医学院东大门，欲进入校区内。公司驻医学院保安队员李鹏此时正在大门口值勤。在给进出车辆换发出入门证时，他发现这辆车的司机和盗窃嫌疑人的相貌非常相似，于是悄悄拉开办公桌抽屉，把司机和照片上的人进行了比对，确认司机就是那个盗窃嫌疑人。

李鹏不动声色地给他换了证，放其驾车进入校区。紧接着，他用电话把发现盗窃嫌疑人进入校区的情况，向医学院保卫处作了汇报。泰山医学院保卫处立即组织人员巡查，在校内的商业街发现了那名司机和其车辆，众人上前将嫌疑人摁倒在地后擒获。盗窃嫌疑人张某对自己的犯罪事实供认不讳，承认了最近在泰山医学院多次盗窃笔记本电脑、手机、MP3和人民币、外币的犯罪事实。

奋不顾身，勇擒歹徒。2014年9月的一天深夜，日南高速公路曹州服务区，突然传来"砰"的一声，像有什么东西砸落在地面上。菏泽分公司驻服务区的保安队员李俊勇急忙赶到停车区查看情况。

在手电筒的光亮中，李俊勇看到有两辆大货车并排停放在一起，有一个人正站在车上向相邻的货车上扔东西，还有一个人在货车旁锁工具箱。他上前询问扔东西的那个人："刚才是什么响声，怎么回事儿？"

站在车上的人说："我车上的货物掉了，我在把货物装上去。"

李俊勇心想，刚才明明看见他在往另外一个货车上扔东西，怎么能是东西掉到车下了呢？他感觉到扔货的人很可能是在利用货车盗窃别人车上的货物。想到这里，他让扔货的那个人从车上下来。扔货的人跳下车后，用讨好的语气对李俊勇说："兄弟，我给你上支烟，算了吧，算了吧。"

此人说出这样的话，更增加了李俊勇的怀疑。他上前抓住扔货的那个人，来到拉大葱的货车驾驶室旁，叫醒睡觉的司机，问道："你认识这个人吗？"

拉大葱的货车司机揉揉惺忪的眼睛，看了被李俊勇抓住的那个人一眼，摇摇头说："没见过，不认识。"

李俊勇一听，确认被抓的扔货人是窃贼无疑，就将此人控制住，带往治安岗亭，准备向班长于海军汇报情况。假装锁工具箱的那个人此时凶相毕露，大吼道："你把他放开，不然我弄死你！"紧接着，他就向李俊勇疯狂地扑过来。

歹徒的拳头多次击中李俊勇的脸部和头部。面对凶狠的歹徒，李俊勇一面还击，一面紧紧地抓住扔货的窃贼不放。关键时刻，班长于海军和队员聂世普闻声赶了过来。正在与李俊勇厮打的歹徒看到保安队员人多了，见情况不妙，顾不得解救同伙，赶紧驾车仓皇逃窜。

李俊勇因头部被歹徒打伤送往医院治疗。菏泽分公司和服务区的领导赶往医院对李俊勇探望慰问，对他奋不顾身、勇擒歹徒的英勇行为给予高度赞扬，奖励现金200元。李俊勇憨厚地说："我不过是做了一件职责范围内的事儿，却让公司领导为我操心。今后，我会把公司当作自己的家，更好地为公司和客户服务。"

忠于职守，妥当处置。窃贼不只是出现在黑夜里，他们光天化日之下也会行窃，保安队员必须时刻提高警惕。2020年7月9日下午4时许，在青岛分公司驻青岛碱厂项目部，保安队员姜鸿军正在值勤。当他巡逻至青岛碱厂东门变电站东围墙外的时候，突然发现墙上出现了一个80厘米见方的洞口。走近一看，洞外有一个人影在晃动，身旁还堆放着十几个装满物品的白色编织袋，形迹非常可疑。姜鸿军上前对此人进行询问，可对方却置之不理。

姜鸿军假装继续向前巡逻，离开那人的视线后，将巡逻中看到的情况，用对讲机向分公司保安项目部经理陈长岭进行了汇报。陈长岭接到报告后，与碱厂保卫部杨部长及保安队员们一起赶到事发现场，将尚未来得及逃走的嫌疑人抓获，接着将嫌疑人身旁的白色编织袋打开检查，发现是各种配电装置和不同型号的红铜配件，杨部长接着拨打了110电话报警。民警赶到现场，经现场勘查后发现，厂内11万千伏变电站配电室已被嫌疑人拆卸破坏。经对查获的所有物品称重，这名嫌疑人盗窃的配电装置配件共计重1.3吨，折合人民币7万余元。

7月25日，青岛碱厂安保部杨部长专门来到了保安南门值班室，对保安队员遇事沉着冷静，汇报及时，处置妥当，避免了单位重大财产损失的事迹，给予高度评价与赞扬，赠送了写有"忠于岗位职责，企业安保卫士"字样的锦旗一面。

忠诚铸就华威品牌，热血谱写平安篇章！据统计，30年来，保安队员在值勤中查获违章违纪人员341126人，抓获各类违法犯罪嫌疑人2693人，协助配合公安机关侦破各类案件667起，查获赃款赃物折合人民币660余万元，为客户避免并挽回经济损失3000余万元。

这就是我们的华威保安。这些普通劳动者，平凡朴实，满腔热血，风雨中巡逻，烈日下站岗，把祥和与温暖播撒整个四季，将和谐的力量写满社区家园。巡逻的脚步，彰显着他们的奉献；挺拔的岗姿，昭示着不变的信念。一腔腔青春的激情与热血，一条条不变的信条与格言，把肩头和心中那份崇高与神圣赠予明天。保安的使命叫责任，责任的表征叫保安。

第三章

仁爱为本　立己达人

儒商智慧　仁

匡亚明先生把孔子"仁"的思想称为人本哲学，他认为孔子的其他思想学说都在"仁"这个人本哲学的统领之下。

孔子提出的"以人为本"的理念是中国古代人本哲学的发端。在传统的天神崇拜的宗教方面，周人和商人有共同特点，即都强调王权的合法性和无可置辩的最高权威性的根据是来自"天命"，即"王权"是由"神权"授予，并由其作保证。不同的是周人引进了"以德配天"的观念，统治者把"敬德"作为获得"天命"的必要条件，把"尽人事"与"听天命"互为补充。这种"天人合一"的观念帮助周人巩固了政权，同时也带来了麻烦。由于"王"失德所引起的民众的不满，也波及"天"上，人们开始质疑"君权神授"的合理性，埋怨"上天"为什么将一个神圣的君权授予一个失德的君王。此时，"王"和"天"的神圣性都受到了广泛的亵渎和否定。既反对君本思想又反对神本思想的"以人为本"的民本思想就是在这种社会背景下形成的。这一时代进步思潮的核心既然是人的问题，于是，孔子就针对人的本质、人与人之间各种错综复杂的关系，提出了关于"仁"的学说。孔子在形成自己的思想时，抓住当时在意识形态中已经出现的"仁"的观念，明确它，充实它，提高它，使它升华为具有人道主义的博大精深的人本哲学。

"仁"的核心内涵是"亲""爱"，即人与人之间的关系达到亲密和谐。许慎在《说文解字》中解释道："仁，亲也。"仁是孔子一生追求的政治理想和目标。实现仁的政治理想和目标，至少要在三个层面进行践行。（一）修身。这是人的内在方面的道德原则，是对道德准则的遵从。修身要按照儒家规定的路径一路走下去，即做到格物、致知、诚意、正心、修身、齐家、治国、平天下。（二）爱人。爱人是外在的即人与人之间关系方面的道德原则。"仁"当中爱人的思想，为历代的人们所接受。孔子对于仁人君子有三个递进的要求，一是"修己以敬"，二是"修己以安人"，三是"修己以安百姓"。修己即修身，安人、安百姓就是爱人。这是"仁学"中最伟大的思想，是人性升华的具体表现。（三）做人。孔子说："仁者人也。"意思是说，只有仁人君子才称得上是真正意义上的人。这是人类对其本质的自我意识，在人类认识史上具有重要意义。它的重点主要放在人的精神生活特别是道德的完善上。孔子一生都在积极探索并主张如何做人、如何把人做得更好的问题。孔子、孟子等先贤先儒都把人能够区别于动物作为人之所以能够称为人的重要标志。随着文明时代的到来，人应该通过修身养性，逐步将动物本性包装起来，隐蔽起来，进而把它淡化和消除，才能真正把人做好。

在孔子看来，作为一个仁人君子，"仁"应是他的内核，"礼"即为外壳。孔子说："克己复礼为仁。"这里的"礼"是经过孔子损益、充实了仁爱精神的周礼。它是人们行为的道德准则，也是理想社会的框架。一个人应该克制、约束自己，使自己的行为符合礼的规范，这就是"仁"。也就是说，"仁"是内容，"礼"是外在表现形式。实现"仁"的目标，还要坚持"中庸"这个思想方法论，做事情不要过头，也不要不到位，并且做到"和而不同"。

"克己复礼"是孔子提出的通过道德修养实现君子目标的重要原则。《论语·颜渊》记载："颜渊问仁。子曰：'克己复礼为仁。一日克己复礼，天下归仁焉。为仁由己，而由人乎哉？'颜渊曰：'请问其目。'子曰：'非礼勿视，非礼勿听，非礼勿言，非礼勿动。'颜渊曰：'回虽不敏，请事斯语矣。'"意思是，颜渊问怎样做才是仁。孔子说，克制自己，一切都照着礼的要求去做，这就是仁。一旦这样做了，天下的一切就归于仁了。实行仁德，完全在于自己，难道还在于别人吗？颜渊说，请问实行仁的具体做法。孔子说，不合乎礼的事不要看，不合乎礼的事不要听，不合乎礼的事不要说，不合乎礼的事不要做。颜渊说，我虽然愚笨，也要照您的这些话去做。这里主要是讲，实现"仁"的目标，要在"礼"的约束之下去完成。这里的"礼"，是把"仁"的道德内涵这个看不见摸不着的东西转化成一个可操作的体系，这就是规矩和礼仪。对内，一个人只要在心里懂得守规矩，有自我约束意识，从而做人做事就会不出格；对外，懂得讲礼仪，做到文质彬彬，让别人思想上或感受上觉得舒服，这大概就是孔子说的"克己复礼"了。

从儒学自身的观念系统看，"仁"与"礼"的统一构成了它的内在主干，"礼"同时关乎社会和谐与社会正义的关系。"仁"不仅涉及人的精神世界，而且与普遍的价值原则相关，以肯定人的存在价值为核心，这种价值原则具体表现为对人的普遍关切。在传统儒学中，从"仁民爱物"到"民胞物与"，仁道都以人与人之间的和谐共处为题中应有之义。相对于"仁"，"礼"在体制的层面上首先通过确立度量界限，对每一个社会成员的权利与义务作了具体规定，这种规定构成了正义实现的前提。也就是说，从最本源的层面看，正义的本质在于得其应得，在于对权利的尊重；同时，作为自身义务，个人权利应在体制的度量界限之内去实现。与之相对应，"仁"与"礼"的交融，从观念的层面为和谐与正义的统一提供了某种根据，它对社会生活走向健全的形态，无疑具有引导意义。

荀金庆就是这样一位孔子人本哲学的追随者。他把这部人本哲学的要义集中体现在尊重人、关心人、体贴人上。作为一个企业家，他在企业运营过程中处处以人的基本感受为出发点决定自己的行为方式。孔子创立儒家学说，把"仁"作为他政治理想的终极目标，其目的就是试图让人性得以升华。从关爱自己、关心自己、关注自己提升到在关怀自己的同时关爱他人、关心他人、关注他人。你不要以为这只有咫尺之远，那可是很多人终其一生都实现不了的目标，荀金庆做到了。他爱他的员工，他的员工就爱他的服务对象。用爱构筑起来的机体，有生机，有活力，有持续的生命力。

2018 年 4 月，华威保安创立 25 周年，董事长荀金庆倾情著文《儒道兴业》对华威发展进行了客观、理性而又睿智的分析，在谈到华威的成功时，他写道："为什么我们将华威的核心价值观确定为'仁义诚信，立己达人'呢？华威 25 年所走过的发展轨迹，无不与仁义相关。可以毫不夸张地说，是仁义成就了华威，华威才成长为'仁义之师'。"

文章对华威的"仁爱"理念作了深刻阐述：

"曲阜素有礼仪之邦，仁义之乡的美称。孔子的思想最主要的是仁，仁者爱人。一个人的仁爱之心并非生来就有的，是从小受家庭、社会、单位教育培养熏陶的结果。

"华威是做保安行业的企业，保安人员承担着保护客户、业主及人民群众人身、财产安全的重任。保安人员必须要具有关爱他人、见义勇为、乐于奉献、助人为乐的爱心精神。所以，这么多年来，在华威队伍中，拾金不昧、勇斗歹徒、救助他人等好人好事层出不穷，每年都收到大量锦旗、表扬信。好多客户跟我说，通过华威员工，我们看到了你们是一家了不起的公司，把安全交给你们，我们放心。

"坚持以义为重，重义轻利，先义后利是儒家所崇尚的经营思想。在义和利的问题上，君子重义，小人重利。我以为，华威的成功之道，在于我们遵从了儒家提倡的重义轻利、先义后利的义利观。"

作为华威保安的掌舵人，荀金庆的"仁爱""仁义"思想融入公司经营管理的方方面面，凝练形成了"仁义诚信，立己达人"的企业核心价值观。在核心价值观的指引下，"为员工谋求幸福"是华威集团的企业使命，"创建幸福华威"是华威集团的企业愿景，"仁者爱人"则是华威集团内外和谐的行为准则。

从互助基金会、"爱心鸡蛋"到"模范职工小家"、幸福华威建设，华威人对内互帮互助，建设温馨家园；对外扶贫救困、热心公益、乐善好施，播撒着"真善美"的人间大爱，展现了一个近万人企业的社会责任担当。

"仁爱"构筑温馨家园

家是温馨的港湾，能聚集漂泊的人心；家是硕大的树冠，能遮挡酷夏中灼热的骄阳；家是清凉的细雨，能为人拂去疲惫的征尘；家是永远的牵挂，能让你知道哪里是根。华威保安集团始终坚持"建家就是建企业"的原则，秉承"以人为本、关爱职工、快乐工作、健康生活"的理念，以建设"模范职工之家""模范职工小家"为目标，致力于为员工提供高效舒适的工作环境、便捷温馨的生活条件，打造温馨"小家"，撑起幸福"大家"。

华威保安集团长期以来扎实开展职工之家建设，把建家活动变成团结员工、推动华威持续健康发展的重要力量。集团党、政、工、团齐抓共管，从"建设幸福华威、共创美好未来"理念出发，把关心员工、温暖员工、为员工办实事作为建家目标，集中智慧建家、精细呵护爱家，把小家打造成一个绿色、健康、温馨的场所，营造"我是华威人，华威是我家"的和谐氛围，努力构建华威温馨、温暖、学习、文明的"职工之家"，将集团关爱员工的举措落到实处。

董事长荀金庆对建"家"活动高度重视，提出具体要求：一是加强领导，杜绝形式主义；二是与创建"全国模范职工之家"结合起来，树立尊重员工、爱护员工、帮助员工解决困难的意识，加大投入，改善员工生活、学习、娱乐环境；三是加强对建"家"活动的指导，积极争取客户支持，把小家建设好，为集团发展发挥积极的推进作用。

2016年3月，中华全国总工会下发表彰决定，华威保安集团曲阜分公司机关事务局保安队被授予"全国模范职工小家"称号。同年11月，华威保安集团被山东省总工会命名为"省级模范职工之家"。

建"家"活动是华威温馨家园建设的一个缩影，华威自创建之日起就把员工幸福、员工诉求作为企业的重要关注点。荀金庆的话铿锵有力："我们创办企业的目的是什么？我的答案就是让员工获得幸福。"因此，"为员工谋幸福"成为华威公司的使命。

30年来，每逢节假日，特别是中秋节、春节，荀金庆都会带领公司领导亲自到各值勤点看望坚持值勤的队员，走访在公司工作过的老同志及困难职工，给他们送去慰问金及粮油等慰问品，代表公司全体职工向他们表示节日的祝贺。创业之初，条件相对艰苦，公司非常注意从生活上关心和体贴保安队员。针对一些队员离家远、吃住困难的问题，公司拨出专项资金，为队员解决食宿问题。队员家中有红白喜事，公司都派人到场料理或周济。对个别生活确有困难的队员，也从经济上给予力所能及的帮助。

为建立帮助困难职工的长效机制，1999年4月16日，公司建立了"职工互助基金会"。基金会成立20多年来，先后向1200余名困难职工发放救助款100余万元，向200余名职工子女发放高考奖学金20余万元，向遇有临时性困难的近200名职工提供临时性借款累计50余万元。

2001年，公司设立职工互助医疗基金。建立个人账户，采取公司拿一点儿，个人出一点儿的办法，解决了公司临时工就医难的问题。2006年，公司进一步完善了职工互助医疗救助制度。

一家有难，集团上下齐动员，就像对自己的家人一样，伸出温暖的手无私帮助。2011年4月，青岛分公司保安员沈炯15岁的女儿罹患脑炎，家庭生活困难，青岛分公司先后两次向其出借款项 3500 元，号召管理骨干捐款 1100 元。同年 10 月，上海华威公司保安员宋佑水的小女儿患先天性心脏病，需要手术治疗，集团公司工会、党办负责人前往其家中探望，送去互助基金 2000 元。2012 年 4 月，北京分公司队员岳都虎身患肺癌，公司发出倡议书，全体员工捐款 34000 余元，公司互助基金会救助 3000 元。2017 年 3 月，烟台分公司员工孔毅 13 岁的女儿突患罕见免疫性脑炎，为帮助孔毅家庭解决经济困难，集团公司党总支、工会发出救助倡议，集团上下积极响应，为其家庭捐款 5 万元，帮助其渡过了难关。

打造家园文化，构筑温馨港湾。华威通过"互助基金会"，健全帮扶体系，完善困难职工档案，落实帮扶措施，建立了分层级困难职工救助体系和重大突发致困救助机制，明确了各层级困难职工帮扶条件与标准，开展"点对点、面对面、实打实、心贴心"困难职工送温暖活动，形成了一个多级、多层的困难职工帮扶机制。同时，修订完善员工福利办法，切实为职工提供身故、残疾、医疗等保障，每年定期组织职工开展健康体检，大力倡导"健康生活、快乐工作"，注重疏解职工压力、激发正能量，引导职工做好自我解压和情绪管理，确保职工身心健康。

关注青少年健康成长就是关心国家民族的未来，是企业最大的社会责任；关心员工子女，就是关心企业的未来。2022 年 8 月29 日，一年一度的"金秋助学"山东华威保安集团员工子女高考奖学金发放仪式在集团会议大厅浓情开启，集团领导为 2022 年度考入大学的员工子女颁发奖学金。仪式前，员工和孩子们一起参观华威博物馆、演播室、总控中心，观看企业宣传片，深入地了解集团发展历程、取得的成就以及未来美好的发展前景。

"我的爸爸就职于华威保安集团，感谢华威保安给予我这次获得助学金的机会，今后我会更加努力学习，用实际行动回报华威保安集团对我们的关心和希望。"被山东建筑大学录取的钱兴宇感慨万分。

学生家长毕景涛发言时说道："听到女儿句句感恩的真情流露，我很欣慰。感谢华威保安集团对我们员工的关心照顾，工作上处处为我们着想谋福利，没想到孩子上学的事儿集团领导也放在心上。作为家长，作为员工，我们能回报的就是干好本职工作，为华威保安集团贡献自己的力量。"

这项活动是在华威保安集团董事长荀金庆的倡导下从 2014 年开始的，9 年来共为 423 名职工子女发放奖学金共计 354200 元。通过这个活动的开展，进一步在集团内部形成了互相关爱、互相扶持的美德。收到奖学金的孩子们都纷纷表示，以此为动力，好好学习，成长为优秀的人才，实现自己的美好理想，将来成为国家的栋梁。

2021 年 11 月 19 日，集团"第八届百姓儒学节和谐饺子宴"活动隆重举行。一大早，40 多名华威保安集团员工聚在一起调馅、擀皮、包水饺、话家常，其乐融融。中午，大家围坐在一起，边聊家常，边品尝热气腾腾的饺子，喜悦之情溢于言表。一碗碗热气腾腾的饺子，吹散了冬日的寒意，拉近了彼此的距离，大家共同度过了一段欢乐祥和的美好时光，华威保安集团这个"大家"更和谐、更温暖。

2022年2月14日，山东华威保安集团"关爱保安好家庭"迎春座谈会在集团会议室举行，员工家属代表及公司领导参加会议。总裁杨中河表示："每一位努力奋进的华威人背后都有一个一直带给我们支持理解和幸福温暖的家庭，只有这样，我们的员工才能全身心地投入工作，创造出一个个华威奇迹，我们的家人功不可没。集团感谢广大员工家属的奉献、包容和付出，感谢大家对华威的信任和厚爱！在华威这个大家庭中，每一位员工和每一个小家都是华威这个大家庭的一员，希望所有的家人携手并肩，一起奋斗，共同成长，共享华威幸福美好的明天。"员工家属积极互动，踊跃发言，欢声笑语，相聚一堂，对自己家人的工作表现感到由衷的喜悦和荣光，大家共同祝福华威的明天更加美好。

荀金庆在他的文章《谈谈对"仁"的理解和认识》中这样表述："爱，是人与人之间相处的最高境界，也是构建和谐社会、和谐企业、和谐家庭的基础。只有人与人之间都能互敬互爱，各种矛盾才会消除，社会才会安定，人们才能享受幸福生活。一个企业与一个家庭是同样道理。"也正是在这种"仁爱"思想的影响下，华威大家庭不断壮大，更加温暖，成为近万名员工的温馨家园，成为客户信任、社会尊重的企业。

善行义举闪耀"仁德"光辉

一个人的善行义举，是一个人人性的闪光；一群人的善行义举，是一个群体的文明素养。华威保安就是这样一个群体，一个个勇敢者的身影，一桩桩感人的事迹，体现着华威人关键时刻见义勇为的担当精神，扶弱济困、急人所急的可贵品质，诚实守信、拾金不昧的高尚情操，心怀大爱、真情付出的服务理念。所有这一切，又凝结成为华威人"仁爱""仁德""仁义"的精神内涵，树立起扶危救难、弘扬正义的高尚形象，带给社会温暖和向上的力量。

30年，华威人的善行义举成千上万，数不胜数。他们扶危济困，侠肝义胆，把遇险而上化作本能，铸就大义凛然的壮举，以生命捍卫生命，激荡人间的浩然正气，在生与死、血与火的考验中，为保护国家利益和人民生命财产安全、维护社会和谐稳定挺身而出、无怨无悔，用生命和热血谱写出一曲曲慷慨激昂的奉献之歌、生命之歌。

人间有善举，大爱暖人心。当"救不救""扶不扶""管不管"让人们犹豫彷徨时，"救""扶""管"在华威人那里却显得义无反顾。从30年的档案里，在华威的荣誉室，听着人们的交口称赞，撷取几个精彩瞬间，足可感受华威人的温暖和力量。

1993 年 12 月 19 日，在曲阜市南辛镇东佘村，有一位老大爷骑自行车不慎摔倒在地。路过此处的保安员毕景桢下车问明情况，立即将老人送往息陬医院，自己掏钱为老人交上住院费，然后骑车颠簸十多里路通知老人家属。老人和孩子感激不尽，给公司写来了感谢信。

1999 年 5 月 17 日晚 8 时许，一位 60 多岁的妇女骑一辆三轮车，在东 104 国道圣府商城附近被一辆货车撞倒在地，顿时血流满面昏死过去。正在圣府商城值班的保安班长姜庆福发现后，在安排保安员徐金海拦阻肇事车辆的同时，与保安员贾中国把被撞昏的老人抬到值班室，立即拨打 122、120 报警。老人稍微清醒后，他们马上问清家庭地址，紧急找来老人的儿子，把老人送往医院救治，伤者转危为安。5 月 31 日，曲阜镇龙虎新村居民邱树臣和儿子把一面写有"见义勇为，保安楷模"的锦旗和感谢信送到华威公司，对保安员姜庆福、贾中国、徐金海救助受伤老人的行为表示感谢。

2001 年 4 月 27 日，驻鲁国盛世旅游点保安员倪立军值勤时，接到一名韩国游客的求助。原来该游客在厕所解手时，手提包不慎掉进了粪池。倪立军找到化粪池，掀开上面的水泥盖板，强忍着恶臭用竹竿翻找。半个多小时后，终于找到手提包，打捞了上来。经查看，提包内有护照、存折和现金等物。倪立军帮韩国游客打捞护照的事迹被曲阜市文明委评为当年"第二季度十件好事"之一。

2017 年 8 月 31 日下午 1 时 50 分，德州东北商贸物流城招商中心西侧路口发生一起车祸，一辆蓝色面包车与一辆自行车相撞，自行车主当场昏迷。驻东北城项目部保安员姚爱民见状，当即通知保安员曲秀友、王伟赶往现场进行保护，接着拨打 120 电话报警，协助医护人员把伤者抬上救护车。9 月 4 日上午，伤者家属赠送"事故无情人有情，助人为乐显真情"的锦旗一面，对华威保安队员表示感谢。

2018 年 9 月 28 日中午，清荣城际铁路巡护大队二中队 47 号岗保安员迟寿君巡逻至清荣线上行 K96＋105 处时，发现一名奄奄一息的老人。他赶紧拿出手机与朋友圈寻人启事的照片比对，确认是丁格庄 6 天前走失的老人，立即一边向中队汇报，一边拨打派出所电话报警。10 月 14 日，老人家属专程送来一面写有"人民好保安，百姓贴身人"字样的锦旗，对保安员迟寿君表示感谢。

华威保安这些最普通劳动者，在困难群众面前，伸出的是温暖的手臂，献出的是一颗感同身受的心。

2000 年 5 月 6 日，三孔啤酒有限公司职工肖振英家中发生火灾，把财物烧得精光，其婆婆因惊吓而亡。肖振英一家的不幸遭遇牵动着保安员的心。在保安班长贾传东的带动下，保安队员不仅捐款 120 元，还写下一封情真意切的慰问信对肖振英表示慰问。5 月 18 日，三孔啤酒有限公司工会一行 3 人来到公司总经理办公室，送上一封热情洋溢的感谢信，对保安员无私奉献、助人为乐的精神给予高度赞扬。同年 7 月，按照上级要求对口支援新疆开展捐赠活动。公司广大员工大力弘扬"一方有难，八方支援"的美德，捐赠棉衣530件，超额完成捐赠指标任务。

2009年5月，公司保安员郭文在《曲阜报》上得知曲阜市姚村镇陈寨村吴玉峰6岁的女儿不幸罹患白血病，家庭因治病负债累累，郭文打电话给吴玉峰，承诺每月拿出50元钱救助。此后，吴玉峰每月收到一张署名"保安"的汇款单，却不知道汇款人姓名和住址。他曾多次到保安公司寻找恩人未果。2009年春节前郭文给吴玉峰打电话询问孩子的病情，吴玉峰再三请求与其见面，郭文终于同意并建议吴玉峰到保安公司工作。自此，公司才了解到郭文捐款助人的真相。

当人民群众生命安全遇到威胁的时候，他们置自己的生死安危于不顾，闯进火场、跳进水中。

2003年1月7日7时15分，驻孔府家集团南门保安员陈灿值勤时，突然听到一声巨响，接着发现一墙之隔的经委家属院有一房间窗户冒出了滚滚浓烟，火光冲天。陈灿意识到发生了异常情况，随即通知备勤的保安员陈磊、荀洪磊、陈伟、刘政等人提着灭火器赶到事发现场，发现是一单身宿舍着火。他们冲进火场进行灭火，经过20多分钟的奋力扑救，终将大火扑灭。避免了一场可能殃及邻居的更大火灾事故的发生。

2013年1月25日下午，犬业公司驻寿丘保安员孔宪义骑自行车刚到单位，就听见湖边众人呼喊"有人落水了"。他扔下自行车，拿起竹竿与员工小刘跑到湖边，看到湖中20多米的一个大冰窟里，有一个大人和三个孩子正在水中挣扎。孔宪义快速向冰窟走了几步，然后趴到冰面上将竹竿伸向落水者，但竹竿短，落水者抓不到。孔宪义又迅速回到值班室扛了长梯平铺在冰面上，用竹竿依次将四名落水者救上岸。《齐鲁晚报》、人民网、新民网、搜狐网、中国青年网、中国警察网等30多家国内主流媒体对孔宪义救人的事迹进行了报道。

2006年9月24日下午2时10分，曲阜市委机关家属院四五名八九岁的儿童在小区内一建筑工地玩耍，其中一名孙姓儿童突然不慎滑进一个3米深的水坑。值勤保安员孙强听到呼救声快速赶到，衣服也来不及脱就跳入水中救人。坑壁湿滑陡峭，经过几番努力才将落水儿童救上岸来，此时孩子嘴唇发紫出现休克症状，孙强虽已精疲力竭，但想到孩子生命攸关，马上对孩子进行人工呼吸，六七分钟后，孩子终于有了呼吸。孙强奋不顾身抢救落水儿童的动人事迹，被《齐鲁晚报》《济宁日报》《城市信报》、曲阜电视台等多家新闻媒体进行了采访报道，人民群众对保安员的英勇表现给予高度赞扬，在社会各界引起强烈反响。

类似的事例数不胜数。保安队员们用热血和生命筑起了一道违法犯罪分子不可逾越的红色防线，一大批优秀保安队员在磨炼中成长，在平凡的岗位上建功立业，孙文雯等就是他们的优秀代表。

孙文雯，女，1981年生，大专文化。2002年8月参加保安工作后，好学上进，认真履责。在"三孔"旅游景区值勤时，孙文雯发挥自己的专长，主动自学英语为外国游客提供咨询帮助，受到了外宾及客户的称赞。2004年2月，在公司组织的班长岗位竞聘中，孙文雯脱颖而出，被聘为女保安班长。虽然她是一名女同志，但经常独自在夜间查岗查哨，检查队员值勤情况。10月的一天下午，她在查岗时发现一名妇女拉着一个急症患者，走到曲阜市公安局大门口时，患者病情突然发作，情况非常危急。孙文雯镇定自若，一边做好家属的工作，一边拨打120。救护车到后，她帮助医生将患者抬上车，使事情得到妥善处理。2004年12月，孙文雯被曲阜市公安局评为首位女性"十佳保安员"。2005年元宵节夜晚，孙文雯所在的值勤点附近因燃放烟花发生火灾，她提着灭火器快速赶往现场扑灭了大火。孙文雯关心爱护队员，即使因病在家休息，但只要有队员突然打电话请假，她都当即赶去顶班在所不辞。2006年9月28日，孙文雯在第二届全省优秀保安员表彰大会上荣获"山东省十佳保安员"荣誉称号，获奖金2000元。孙文雯获奖后，主动将2000元奖金捐给了公司职工互助基金会。10月18日，华威集团公司作出《关于开展向"全省十佳保安员"孙文雯同志学习的决定》。

范宝元，男，1979年生，2002年参加保安工作。自参加工作以来，范宝元兢兢业业，任劳任怨，对工作认真负责，受到了领导、同事及客户单位的一致好评。2005年，他被曲阜市公安局表彰为"十佳保安员"，2015年以来连续被评为集团"服务明星"。范宝元在单位是个优秀员工，在家里孝顺父母，关爱子女。

他的母亲患急性脑梗死后，只有吞咽功能，不会说话，基本上成了植物人。范宝元到处求医问药，除了定期到大医院检查外，每听说哪里有什么特效秘方，无论多远，他都一定想方设法地把药买到。为了母亲，他不仅花尽了自己所有的积蓄，还欠下一笔不小的债务。父亲、姐姐都劝他，母亲已经这样了，医生都说再治疗也没有多大作用了，他却认为母亲只有一个，坚决不能放弃，一直幻想着奇迹肯定会发生，只要一发工资，就去给母亲买药。但由于病情恶化，母亲还是永远离开了。母亲走后，范宝元把孝心全部转移到父亲身上。2018年10月15日，范宝元被授予曲阜市"第七届孔子故里百佳孝星"荣誉称号。

朱泽亮，现任华威集团曲阜分公司副总经理。从2006年起，朱泽亮就活跃在扶危助困、敬老爱老、无偿献血等社会公益活动第一线，究竟捐助过多少钱物，帮扶过多少困难群众，他自己也记不清了。然而，受助者却无法忘记他雪中送炭的温暖。

2009年的一次车祸，让防山镇万柳村33岁的村民夏祥洪成了一位高位截瘫病人，妻子也无情地抛弃了他和4岁的女儿，一家人全靠80岁的老父亲拾荒为生。一连串的打击，让夏祥洪曾想过自杀，年迈的双亲只好24小时轮流看护。孩子上幼儿园交不起学费，奶奶找到学校，正巧遇到朱泽亮。听到老人的诉说，朱泽亮当场向学校表示学费由他出。第一次来到夏祥洪家，他深感震惊，家里已经被绝望崩溃的夏祥洪砸得千疮百孔。朱泽亮暗下决心，一定要帮助这个濒临破碎的不幸家庭。此后，夏祥洪家中的水电费、孩子学费及生活费、老人过冬衣被全部由朱泽亮承担。为了从根本上使得这个家庭解困，朱泽亮联系了更多的志愿者参与帮扶。大家给夏祥洪买电脑，传授他楷雕技艺。热心人还给夏祥洪张罗了一门亲事，帮他娶了一位温柔善良的女子。夏祥洪的生活又充满了阳光，他开始重新燃起对生活的信心和勇气。

多年来，朱泽亮只要遇到需要帮助的人必然伸出援手。夜晚巡查时，遇到受伤倒地的陌生人他毫不犹豫地救助；他带头为防山镇万柳小学修路；他为生命垂危的外地老人垫资看病，老人的家人送来感谢金，他一口谢绝；他发动身边100多名志愿者为烧伤女孩孔昭燕捐款；他积极参加献血活动，加入了国家造血干细胞库。十多年来，扶危救困已经成为朱泽亮生活中的常态，他的仁爱之心感动了圣城，先后被济宁市提名为善行义举四德榜"榜上有名"先模人物，荣获曲阜"最美人物"，第六届曲阜市道德模范。

天地有正气，杂然赋流形。这就是我们的华威保安，平凡朴实，满腔热血，风雨中巡逻，烈日下站岗。正是这些普通劳动者的善行义举，闪耀着"仁德"的光辉，把祥和与温暖播撒整个四季，将和谐的力量布满社区家园。

"爱心鸡蛋"彰显大爱情怀

华威集团扎根孔子故里，秉承儒家"仁者爱人"理念，将企业的爱和责任融入企业发展的血脉，辐射到整个社会。以"爱"领航，围绕"关爱他人、爱护环境、奉献社会"这一主题，推进社会公德建设，打造爱心企业、责任企业，升华员工自我教育功能。一个懂得爱的企业，才是最有希望、最有前途的企业，这已经成为华威人的共识。

2009年4月，曲阜保安服务公司成功改制为山东华威保安服务公司，这是体制的变化，更是责任的变化。"华威是做保安的公司，保安人员承担着保护客户、业主及人民群众人身、财产安全的重任。保安人员必须要具有关爱他人、见义勇为、乐于奉献、助人为乐的大爱精神。"董事长荀金庆有着清醒而又睿智的认识，"一个人的仁爱之心并非生来就有的，是受家庭、社会、单位教育培养熏陶的结果。"

培育爱心，需要载体，需要形式与内容的和谐统一。在集团公司董事长、总裁荀金庆与集团首席经济顾问、知名经济学家陈湛匀教授的共同倡议下，2010年10月22日，华威爱心基金会成立，荀金庆亲自担任华威保安爱心基金管理委员会会长，陈湛匀教授任名誉会长。基金会首先发起了"爱心鸡蛋工程"。公司借助这个平台开展了一系列践行社会责任、热心公益事业的活动。

2010年11月16日上午，"爱心鸡蛋工程"启动仪式在保安驾校隆重举行，陈湛匀教授简要介绍了"爱心鸡蛋工程"的创立及意义，他说："这是一项献爱心工程，旨在践行社会责任、关爱儿童，提倡让孩子们每天能吃上一个鸡蛋，使孩子们能够健康成长。通过活动的开展，培养华威广大员工关爱社会、关心他人、回报社会的无私奉献精神。"荀金庆作了重要讲话，他强调指出，"爱心鸡蛋工程"是华威集团全体员工共同参与的公益项目，是集团公司担负社会责任、践行公司价值理念的系列公益活动之一。

管委会确定每个月的 16 日为基金募捐日。仪式结束后，集团公司领导和广大员工现场进行了爱心基金募捐，现场募集资金 30235.7 元。基金会确定将这种形式的爱心募捐常态化，每个月的 16 日都开展这样的活动。

"爱心鸡蛋"是华威面向社会、面向下一代的"温暖工程"和"公益工程"，自工程启动以来，分别向曲阜市南辛镇小学、王庄镇中心小学、防山镇中心小学、息陬镇小学、石门山镇歇马亭中心小学、姚村镇中心小学、小雪镇小学、陵城镇小学、时庄办事处中心小学、时庄街道办事处 6 所小学、曲阜市书院街道办事处中心小学、鲁城街道办事处民族小学等学校的学生捐赠鸡蛋，风雨无阻、从不间断，获得了良好的口碑。据相关的资料记载，"爱心鸡蛋工程"活动开展以来，广大华威员工积极响应，踊跃参与，每个月都从自己的工资中拿出至少一元钱，奉献自己的爱心。截至 2020 年，山东华威保安集团开展"爱心鸡蛋工程"已经持续了 10 年，共募集捐款 31.5 万元，发放鸡蛋 16990 千克，曲阜市 86 所小学的 5130 名学生受益。

小小鸡蛋，承载着华威人的爱心走进孩子的心中，让孩子们真切地感受到华威保安仁义博爱的情怀，他们因此懂得了"每个人只要能够献出一点点爱心，就能凝结成社会大爱"。华威人给予孩子们的不仅仅是有着物质营养的鸡蛋，更是承载着富有文化内涵的更高层次的精神给养。在孩子们的心中，将爱心传递、扩展、传播，这枚小小的鸡蛋将会孵化出爱的生命力。

"爱心鸡蛋"是华威保安集团的公益品牌，是华威热衷公益事业、诚信回馈社会的一个真实写照。30年来，华威在快速稳定发展的同时，做公益坚持不懈，献爱心硕果累累。

关注青少年成长，关爱困难儿童，捐资助学，华威人一直在路上。他们向农村小学捐赠了"希望书库"，与贫困学生结成了助学对子。每年春节、"六一"儿童节，集团公司领导和员工都会深入学校及家庭。每到一处，都嘘寒问暖，与孩子们深入交流，了解他们的生活、学习情况，鼓励他们要不怕困难、努力学习、积极向上。向他们赠送服装，给予资金资助，赠送学习用品，给这些特困孩子家庭带来华威的温情和温暖。邀请困难学生参加"受助小学生夏令营"，小学子们兴致勃勃地参观游览世界文化遗产、国家AAAAA级景区孔府、孔庙两个具有代表性的景区，感受家乡之美及曲阜深厚的历史文化积淀，开阔了眼界，增长了见识。

弘扬中华民族传统美德，积极支持社会慈善事业。2022年9月17日，华威保安集团"慈心一日捐"活动在总部举行，董事局主席荀金庆等领导率先垂范，带头捐款，全体行政管理人员一呼百应，慷慨解囊。能力不分大小，捐赠不分多少，善举不分先后，大家伸出爱心之手，为慈善事业献出自己的一份绵薄之力。这是华威集团自 2009 年以来第十三次开展此类活动。12 年来，共募集善款 50 余万元，全部上交曲阜市慈善总会。笔笔捐款如涓涓细流汇成长河，传递着华威人的深情与大爱，彰显着华威人关爱困难群体、主动奉献爱心的良好精神风貌。

在救灾济困的战场上也活跃着华威人的身影。2003 年，公司积极开展了向菏泽、济宁黄河受灾滩区献爱心捐赠活动，共捐赠救灾款 7000 余元，衣物 30 余件。2008 年 5 月 15 日，公司举行了向汶川地震灾区捐款活动，共募捐现金 33805 元，全体党员交纳特殊党费 4580 元，工会捐款 1000 元，团总支青年文明号"爱心特别行动"捐款 1000 元，荀金庆个人捐款 1000 元，驻日照保安员还自发组织了义务献血活动。2010 年 4 月 19 日，公司举行捐款仪式，号召广大员工向发生地震的青海省玉树藏族自治州玉树市奉献爱心，短短十几分钟，现场募款 37105 元。华威保安先后向印度洋海啸受灾群众，汶川、玉树及鲁甸灾区人民捐款达 50 万元。

以"爱心鸡蛋工程"为代表的华威公益活动，生动诠释了华威集团"仁义诚信，立己达人"的核心价值观，映衬出广大员工"老吾老以及人之老，幼吾幼以及人之幼"的推恩及人文情怀，展示出华威人强烈的社会责任和担当。

逆行者风采（一）

2020 年春节，全国人民举家团圆，一场突如其来的新冠疫情打破了新年的温馨。伴随新春的钟声，全国上下吹响了抗击疫情的号角。疫情就是命令，防控就是责任。华威保安集团积极响应党中央和各级党委、政府及中国保安协会的号召，认真贯彻落实疫情防控工作的部署和要求，加强组织领导，进行周密部署，高度重视，快速反应，立即行动。集团召开专题会议，制定防控方案，细化防控措施，全体保安员都投入到这场事关人民生命安全的疫情防控阻击战中。

惟其艰难方显勇毅，惟其笃行方显珍贵。保安岗位设置在机关、企业、居住小区门口，原为人员进出的服务员、监督员，此时转变成了防控战的前沿阵地。保安既是疫情战的哨兵，更是坚守阵地的战士。荀金庆董事长第一时间发出号召："集团各级领导，特别是党员领导骨干要站在抗击疫情最前面，充分发挥模范带头作用，再接再厉，毫不松懈，为取得抗击重大疫情的胜利贡献自己的一份力量。"他要求各级管理骨干要以对工作高度负责的精神深入工作一线，抓好各项疫情防控措施的落实，切实解决员工工作及生活中的困难和问题，为广大员工排忧解难。尤其要注意掌握家在外地的员工家庭及疫情情况，主动做好思想疏导工作，帮助他们解决遇到的困难。

一声令下，数千名华威保安就地定岗，正休班在家的也马上返岗。身在外地准备回家过年的员工又解开已打好的包裹，给盼望回家团聚的家人一个短信，报平安、说责任、送祝福，之后马上进入岗位。他们没有警服、白大褂、救援服，只有一只最普通的口罩；没有执法证、资格证，只有一张大家都熟悉的面孔；没有誓师会、请战书，为了大家的平安，他们不畏疫情，忠于职守。根据疫情防控要求，他们在医院、小区、厂区等人员流动密集的地方及公共场所进行消毒杀菌，设立临时检查点，查测相关人员体温，登记进出人员信息，报备居家隔离人员情况，提供参与医疗防疫点的查控等。严格落实消杀、车辆信息登记工作，做到不漏一车、不漏一人，不放过任何一个隐患。

1月28日，华威集团江苏公司全体行政管理人员停止春节休假，返岗召开疫情阻击战会议，组织学习集团《关于加强新型冠状病毒肺炎防疫工作的通知》精神，深刻认识做好新型冠状病毒疫情防控的重要性和紧迫性。按照集团统一部署，成立了由总经理王儒才任组长，副总经理史玉彬、高瑞刚任副组长，马金朋、韦节营、孔勇、朱艳义、史强为成员的新型冠状病毒感染防疫工作领导小组，制定了疫情防治工作措施，要求各级管理人员要把疫情防控作为最大的政治任务，切实履职担责，做到全员宣传到位、措施到位、防范到位。一是多渠道采购储备值勤口罩、体温计、消毒液、手套等疫情防控必备物资，提高疫情防控能力，全面保障一线保安员值勤需求。二是认真落实防控责任，强化防控措施。建立健全疫情防控工作协调机制，层层压实责任，确保每一项任务精准落实到人，科学有序做好疫情防控工作。各项目部守土有责，守土尽责，恪尽职守，切实担当起党政机关、科研园区、商业综合体、银行金融、居民小区等区域疫情防控的"第一关口"。三是科学合理安排班次和人员，避免疲劳作战。对出现感冒、发烧等病症的员工，及时安排治疗、休息。各经营部根据需要设立隔离室，做好后勤保障工作。停止安排员工探家，探家的员工不再安排返岗工作，避免病毒交叉感染。四是做好值勤区域的消毒防护，整治保持环境卫生。

在华为南京研究所，项目部按照园区疫情防控实现 4 个 100%：100% 风险人群识别，100% 风险人员屏蔽，100% 风险措施落实，100% 风险管理监督。对进入园区的所有车辆必须检查，对进入人员必须测量体温、登记信息。抓实抓细防控措施及风险规避，全力以赴做好保安服务工作。

在南京海关，项目部积极配合物业在公共区域及重点部位进行预防性消毒，覆盖楼宇大堂、办公室、餐厅、茶水间、电梯桥廊、厕所、垃圾箱等，绝不放过任何一个死角，把疫情防控这张网织得更密、更严、更实。

在苏宁紫金东郡，项目部全力配合物业对全体业主进行排查，登记疫情后归来人员，对外来人员实行清零管控，对临时外出的业主进行警示宣传，归来后人员进行体温检测。协助居委会摸排春节离宁人员，统计联系身在外地疫区的本地人口信息，严格检查临时出入证管理，增强社区防疫的有效性。

曲阜是最早出现疫情的地区之一。曲阜分公司上下全体员工积极采取应对措施，各级各部门全面加强疫情联防联控，持续深入开展疫情防控工作。抗疫期间，分公司设立旧县尚客优酒店、小雪尚客优酒店、福悦酒店3处隔离区值勤点，设立体育局家属院、卫生局家属院两家小区隔离区值勤点，配发体温计176个、红外测温仪22个、喷壶111个、口罩6893只、消毒液263瓶、血压仪2个。分公司为各项目部值勤点对于进出人员均进行测温和登记。保安队员自身也同时做好安全防范，保证不因自身问题出现纰漏。

江苏公司、曲阜公司在抗疫工作中的优异表现得到当地政府和业主的高度评价，这也是华威30家子公司、分公司抗疫工作的一个缩影。在这场没有硝烟的战斗中，华威保安人放弃家庭团聚，舍小家顾大家，日夜坚守在岗位上，筑起一道防控疫情的坚强堡垒。他们是最普通的保安员，并肩战斗在抗疫一线。因为那份责任，他们不避风险，不惧危难，与大家共度时艰。我们可一睹华威人的抗疫故事。

陈圣良，日照分公司后村镇幼儿园项目部保安，一个人的岗位，24小时值守。从疫情开始就严格服从园方的工作安排，杜绝一切闲杂人员与外来人员进入，确保校园安全。对校园进行打扫、消毒，确保环境卫生，避免交叉感染。他按防疫规定要求所有人员出门戴口罩，回来就消毒。他以园为家，做祖国花朵防疫的守门人，坚定地守护着幼儿园这块净土。

王运河，北京分公司副总经理、湖北经营部钓鱼台项目部经理。在疫情重灾区湖北，他临危受命，冒着被感染的风险带领队员坚守在疫情防控第一线。疫情暴发之后，王运河带着钓鱼台项目部的保安员紧急开展工作部署，根据当地政府防疫防控要求，每天对项目人员情况、小区内业主健康情况及人员流动情况进行整理、汇总，第一时间按要求汇报，遇到特殊情况及时上报。按照总公司规定，做好后勤保障和各类数据、异常情况通报。在客户公司组织的捐款活动中踊跃捐款，赢得了客户单位的肯定和赞誉。

吴承富，江苏公司紫金东郡项目秩序部队长。疫情来临时接近年关，他放弃回家团圆，迅速进入战斗角色。他坚定勇敢，在业主和群众都不敢外出时，始终在园区宣传引导，摸底排查。面对春节期间没有回老家的业主、部分不敢出户的业主，吴承富自己先做好防护，再亲自上门为他们送去生活用品。他每天安排好队员的网格，要求大家管严、管紧，把控好进出人员的排查，做到房不漏户，户不漏人。吴承富舍小家为大家，勇于担当，展现出华威保安的风采。

陈小金，上海公司保安队员。2020年2月初，受公司委派值岗崮山路小区。每天清晨，陈小金早早上岗打开门，整理岗位周边卫生，认真核验进出人员证件，进行体温测量。他日复一日，始终如一，对进出的每个人进行登记、测温，无一疏漏。他认真负责的态度赢得了小区业主的高度称赞，但是也引起了个别人员的不满。部分业主认为，每天进出都要测量体温，确实没有必要，而且耽误时间。有的业主甚至责怪和奚落陈小金，陈小金没有因此而气馁，因为他明白保安的责任。因此，他始终耐心地对业主解释，讲疫情形势，讲防护方法。他以自己的真诚换取了业主的真心，用贴心的服务赢得了业主的尊重。

荀金庆、杨中河等集团领导第一时间制定抗疫方案，第一时间到达抗疫一线，向他们表达诚挚的感谢和慰问。从月初到月底，荀金庆等公司领导不是在抗疫一线，就是在去往抗疫一线的路上。曲阜圣诚嘉园小区有确诊病例，荀金庆数次前往检查指导，叮嘱队员们要加强防范，做好自身防护，保证自身安全，从而维护好小区群众的安全。

2020年2月12日，集团向曲阜市慈善总会捐款3万元。3月2日，集团组织员工捐款。董事长荀金庆、总裁杨中河等集团领导以及总部行政管理人员踊跃捐款，集团驻外各子公司、分公司也同步举行捐款活动。全体员工发扬公益精神，积极响应公司号召，以自己的绵薄之力向抗疫一线伸出援助之手，奉献自己的爱心。活动共收到爱心捐款11.2万元，款项立即上交上级党委。华威人的实际行动如同涓涓细流，在春寒料峭中为抗疫一线送去温暖。

自2020年1月起，新冠疫情的阴霾始终时隐时现，战斗在"前沿阵地"的华威保安始终重任在肩，箭在弦上。在这场持久的疫情阻击战面前，他们舍小家顾大家，分布在各个一线防疫岗位，不辞辛苦，不畏艰险，团结一致抗击疫情，贡献出属于自己的一份力量，用实际行动守护着大众的安全与健康。2020 年，华威保安集团荣获"山东省抗击疫情表现突出保安集体"荣誉称号，菏泽分公司孔庆震荣获"表现突出保安员"荣誉称号。

2022 年 3 月 31 日，集团总部所在地曲阜市出现确诊病例。突如其来的疫情，使古城曲阜按下暂停键。华威集团董事局主席荀金庆迅速对抗疫工作作出部署。一是提高政治站位，强化责任担当。坚决贯彻落实上级党委、政府关于疫情防控工作的指示精神，在打赢疫情防控阻击战中积极主动履职、有效发挥作用。二是在值勤工作中既要热情礼貌，又要严格执行防控制度。妥善处理疫情期间发生的各类问题，确保人民群众、客户群体、封控区域的稳定和安全。三是千方百计安排好队员的休息、就餐问题，为队员搞好服务，当好后勤，解决问题；做好心理疏导，为队员更好地投入抗疫工作做好保障。四是曲阜作为抗疫重点区域，集团成立领导小组，统一做好一线项目部的工作情况和信息调度，各单位需要解决的问题要及时上报协调处理。坚持科学抗疫，在值勤工作中严格按照卫生健康部门的要求，规范操作，坚决做到值勤人员"零感染"。

在一片静默的情形下，抗疫一线的企业、校园、机关、社区，处处都有华威保安忙碌的身影，测温、消杀、登记、调配、清洁……一项项工作紧锣密鼓而又有条不紊地展开。他们日夜奋战，24 小时连轴转，克服不能与家人团聚、不能充足睡眠等困难，全力以赴共同铸造起疫情防控的铜墙铁壁，以实际行动彰显华威人的使命与担当。特殊时期，理发店皆已停业，服务单位封闭管理，驻曲阜师范大学附中项目经理张存刚和济宁学院保安班长孔繁岱主动请缨，趁着休息间隙，为驻地的保安队员和抗疫志愿者巡回义务理发。

4 月 3 日，为坚决阻断病毒的传播，曲阜市隔离方舱建设全面铺开。山东华威保安集团快速反应，紧急部署，全力支援曲阜市隔离方舱抢建工程。当天，华威鑫威安防公司组织 20 余人的施工突击队紧急赶赴一线，迅速投入隔离场所安防系统建设中，有序完成现场安防整体设计施工任务，充分展现了企业实力、施工组织能力和内在驱动力。施工过程中，面对工期紧、任务重的巨大压力，鑫威安防突击队员们克服场地封闭、人员物资调度不畅、休息就餐不便等诸多困难，不等不靠，争分夺秒，连续 7 天吃住在工地，轮流冲锋，日夜鏖战，确保了项目高效推进，高标准完成了安防系统的安装调试任务，为曲阜市打赢疫情防控阻击战提供了强有力的支持。

3 月 31 日至 4 月 15 日，曲阜全城封控居家隔离，华威安防总控中心值班人员在无人交接班的特殊情况下，24 小时坚守在报警中心岗位上。为华威联网报警的 4000 多名客户筑起一道安全屏障。各区域一线人员，加强巡检维修，保证设备正常运转，保障客户财产安全，坚守岗位，践行为客户保安全的神圣使命！

沧海横流方显英雄本色，危难之时可见忠诚担当。在这个没有硝烟的战场，在疫情防控的前沿，华威保安是疫情的侦察员、防控疫情的宣传员、遏制疫情的战斗员，是风雨中的逆行者、社会安宁的守护者，他们战严寒斗酷暑，舍小家顾大局，用忠诚和担当，用血肉之躯，筑牢阻隔病毒的"防火墙"，形成一道疫情防护的钢铁长城。

逆行者风采（二）

——上海公司抗击新冠疫情侧记

2022年春天，人们还沉浸在欢度新春的喜悦中，新冠疫情突然袭击上海。一时间，阴暗的情绪笼罩人们心头，此时的保安员就成了人们心中的一束光。保安虽处在平凡的岗位上，可在这样一场抗击新冠疫情的战役中，他们始终冲锋在最前沿，用死而后已的勇气筑起了疫情防控坚不可摧的堡垒。如今疫情散去，当所有秩序都在慢慢恢复，保安员们也已恢复到日常的工作中，但是他们值得被铭记。上海疫情下的华威公司保安员给这座城市留下了最真实的感动。

"不破疫情终不还"

3月中旬，上海各地陆续出现新冠病毒感染病例，部分小区因疫情原因进行封控。为避免因封控导致项目部工作无法正常运转，公司第一时间组织抗击疫情动员，711名保安员卷起被褥，打包行李，将家搬到了项目部。公司也为条件较差的项目部购买了床垫并当天送达。3月17日，全体在职保安员和经营部经理全部吃住在项目部，坚守岗位，严阵以待，接受新冠疫情的考验。

在奔赴岗位这项工作完成之后，上海大部分小区都出现了不同程度的感染情况，公司所有保安员身着防护服，手拿体温枪，严格执行着每一项任务，把好各个出入口，尽心尽力守护着小区的安全。

"百战核酸着雪铠，不破疫情终不还。"当他们卷起被褥，走向岗位的那一刻，711名保安员都如同上了战场，他们的胸腔里是勇气，是责任，是必胜的信心。在当时谈疫色变的情况下，华威人用果敢的勇气、坚定的毅力打赢了这场没有硝烟的战役。

"身居险地战疫情"

疫情防控期间，方舱医院无疑是离危险最近的地方。4月4日，上海方舱医院征集志愿者。得知这一消息后，公司保安员踊跃报名，张建民、童开强、孔庆元、孔令春、刘继华、阮天银6名保安员成功入选税务区域志愿项目，前往方舱医院做志愿者。

这6名保安员在项目经理的带领下，坚守在浦东各个税务所的岗位上。因所处岗位不属于居委会辖区范围内，导致队员们将近一周时间未进行核酸和抗原检测，公司得知这一消息后，与公安和疫情指挥中心进行协调，由总经理张宪伟带队，率几名在上海隔离的行政管理人员前往各个税务所，为他们送去抗原检测试剂，并协调周边居委会进行核酸检测。在征集志愿者的时候，税务区域工作人员积极踊跃。他们说："公司没有放弃我们，我们也应该代表公司为抗疫做些力所能及的事。"

在危险而又艰苦的方舱医院做志愿者，自身承担的风险也要大出许多，张建民和童开强在方舱医院任务结束的隔离期间被确诊了，新冠核酸检测为阳性。公司第一时间致电，叮嘱他们要保持好心态，积极配合治疗，争取早日转阴。明知山有虎，偏向虎山行。这6名保安员身居险地战疫情，展示出了保安员不畏艰险的担当和直面危险的勇气，为公司全体员工树立了榜样。

"保安们是块砖"

疫情就是命令，当披上那身白色"铠甲"，保安也拥有了不一样的使命。保安的日常不外乎是门卫、巡逻等工作，可在疫情期间，他们却肩负起更多的职责与使命。

疫情封控给老人带来的影响无疑是最大的，在疫情封控期间，华威上海公司各项目部因此成立了老人帮扶组，统计小区内的老人的生活情况，为行动不便的老人上门进行核酸采样、抗原检测，帮助他们进行消毒、买菜、修理东西。华威保安帮扶老人的行为感动了小区业主，有的小区纷纷自发捐款，为保安送上慰问品和慰问金。

4月21日，凌东苑项目收到两位花甲老人亲笔写的4页感谢信，他们感谢疫情期间华威保安无私的帮助。原来，蔡阿姨刚刚入住新房，生活用水还未接通便遭遇疫情封控。得知两位老人这一情况后，保安员就轮流担负起为老人送水的任务，解决了老人的生活急需。当接到这封沉甸甸的手写信时，华威保安员也倍感欣慰。

"保安们是块砖，哪里需要哪里搬。"疫情之下，保安员是送货员、修理工，是秩序维护者、核酸检测志愿者……疫情赋予了他们多重身份，在厚重的防护服下，他们是普普通通的一名保安，也正是这份普通，才更彰显出伟大。

"不爱红装爱武装"

"自古巾帼多奇志，不爱红装爱武装。"在这场抗疫战斗中，华威上海公司有这样一群"铁娘子"，她们勇敢地站在疫情"风暴中心"，始终冲锋在抗疫最前沿，是名副其实的女战士。

张庆红是宝山经营部的一名保安员，进入公司以来，始终热情待人，善于沟通，自觉维护保安与业主之间的和谐关系。在疫情封控前，她没有选择回家隔离，而是毅然决然地留在项目部。每天上班前，她都会拿起消毒液对值班室内外进行全面消毒，对外面摆放的临时货架以及存放的东西进行消毒处理，将物品按照房间号进行有序摆放，便于业主索取。"小事做精致，大事才能做精彩。"这是她经常挂在嘴边的一句话。她细致的工作态度赢得了客户和业主的赞誉。她与同事密切配合，疫情期间小区各项检测和物品发放无一起争执和扰乱秩序的事情发生。

费莉是馨清佳苑监控室的领班。疫情来临时，她深知岗位的重要性，拒绝了丈夫返回老家的建议。疫情封控期间，矛盾都集中体现在监控室的值班电话上，几乎一整天都不间断。面对疫情带来的各种不便，她总是悉心为业主解决问题，遇到态度不好的业主也能从容应对，给予满意的答复。她以极高的办事效率和娴熟的专业技能为每位业主排忧解难，答疑解惑。

每天工作结束，她们防护服下的保安服几乎可以拧出水来，但是，她们从未产生过退却和逃避的想法，一直坚持到疫情结束，又转身投入到复工复产的工作中。她们在最美的年龄"不爱红装爱武装"，投身于保安事业，在岗位上发出光和热，尽情绽放最美丽的青春。

大事跟前显担当

"现在上海市疫情防控形势十分严峻，越是这个时候，我们每名行政管理人员和经营部经理都应该站出来……"在一次疫情防控工作协调视频会议上，上海公司总经理张宪伟掷地有声地说道。

在疫情最严重的阶段，所有的骨干都站了出来。闵行经营部经理张令保为了保证项目部能够有饭吃，连续一周吃住在车上，只是为了方便给项目部保安买上米和菜，直到社区团购开启和政府补贴到位后，才从车上搬到项目部。长期的睡眠质量差和多个项目连轴转，他多次产生头晕、耳鸣等症状。在汤臣豪园项目部，出现了第一例保安员核酸检测呈阳性，新冠核算检测呈阳性的保安员被送往方舱隔离，其余7名保安员也因密接被隔离在值班室。整整一周时间，经营部经理李芳独自承担起整个项目的安保任务，监控室、门岗两边跑，收发物资、解决业主遇到的问题，一刻也未停歇。在物业的配合下，汤臣豪园各项工作秩序都保持正常运转。税务经营部经理韦华分管的项目多为"小、散、远"的单位，每个项目人数少，没有做饭的条件。他多方联系，申请到上海临时通行证，坚持自己做饭，然后给每个项目点分送，他用一辆电瓶车，载着10余份饭菜合计跑了500多千米。

"前方有你，后方有我。"因疫情被封控在宿舍的4名行政管理人员，组成了"后勤保障中心"，积极向各方协调防疫物资，与客户协调食宿等问题。当得知"小、散、远"项目部无法进行核酸检测后，他们通过与公安局、疫情指挥中心和居委会协调后，驱车前往各个项目点派送抗原检测试剂，又与防疫中心沟通，覆盖了所有项目的核酸检测。在东郊宾馆进行隔离的一名队员出现身体不适，急救中心没有车辆可以派遣。紧急关头，公司在征得各级政府部门同意后，派车去隔离点送生病员工和陪护人员迅速赶往医院。经过检查，两人先后被确诊为新冠阳性，在医院得到及时救治。

疾风知劲草，路遥知马力。危难时刻，管理骨干们都展现出一马当先、不畏艰险的勇气，为全体员工做好了表率，树好了榜样。

才下火线又上前线

随着上海市疫情防控形势的逐渐好转，自6月1日起，上海各大商场、超市陆续恢复线下运营，小区和商务楼逐步放开，企业复工复产，生活秩序全面恢复。面对汹涌而来的新挑战，刚刚从抗疫"火线"下来的保安员还没来得及喘口气，又投入到各项风险管控工作中。

华威上海公司作为上海万达广场最大的安保供应商，在万达恢复营业后，全体保安员严格落实各项防疫政策，为正常营业保驾护航。所有人员进入商场必须进行场所码核验，因此设置了等待区，拉起了警戒线，严格按照规定控制客流量，做到了专业、正规、有序。

6月5日，杨浦经营部泰鸿新苑项目部，正有序展开疫情应急处置演练。值班室在接到小区出现新冠阳性感染者的通知后，迅速开展信息发布，控制出入口，进行环境消杀，对相关人员落实管控、转运、检测等措施，每个人都各司其职，完成对应的任务。演练结束后，杨浦区经营部经理对演练过程进行详细的点评，指出存在的问题，叮嘱所有保安员不要放松防疫标准和要求，不能出现任何懈怠。

夏季的到来，给身着防护服的保安员带来诸多不便，每天不间断的登记、测温，对外来人员管控，不定时进行核酸检测秩序维护，工作负荷越来越大。即使面对重重困难，上海公司全体保安员仍旧咬牙坚持，为奋力夺取上海疫情保卫战的最终胜利共同努力。

（本文作者刘超）

幸福华威进行时

曲阜保安服务公司从 1993 年"以人为本，打造品牌"的企业理念，发展到 2017 年华威保安集团"打造民族品牌，创建幸福华威"的企业愿景，是企业规模、市场、效益稳定快速发展的必然，更是企业内质提升，发展方向和目标更加明确坚定的标志。

"我们创办企业的目的是什么？想来想去，我的答案就是让员工能获得幸福。"荀金庆在《谈幸福观》一文中明确阐述了"幸福华威"的内涵。作为幸福华威理念的创建者，将儒家思想与新时代企业发展的实际相结合，确立了"仁义诚信，立己达人"的华威核心价值观，形成了"和谐友爱、快乐工作、共同富裕、共同发展、受人尊敬、健康长寿"的幸福企业理念，荀金庆成为名副其实的当代儒商。

我们回顾华威发展史，其实就会发现，幸福华威建设并非起步于 2017 年，而是早已充分实践，贯穿于曲阜保安、华威保安、华威保安集团整个发展过程。细细梳理这家成长于儒家文化圣地的保安企业的经营理念及作为，就会找到成功的密码，就是致力于员工幸福。

华威发展给员工带了真真切切的荣誉感、幸福感、安全感。每一位职场人都希望有一个稳定壮大、社会尊重、近悦远来的平台，从而来成就自己的事业和理想。华威就是这样的企业，一步一个脚印，扎扎实实，敢为人先，从小到大，从大到强，从强到优，跟随着时代的脉搏，发展成为国内同行业的佼佼者。员工数量从几十个人，发展到几百、数千人；市场从无到有，从局限于曲阜一地，到全省、全国，实现"一体两翼"市场布局及"三区""三线"全面展开，再到走出国门；经营收入从几十万元，到百万元、千万元，到数亿元计。"我是华威保安""我在华威工作"，员工们说这句话时是满满的自信和自豪。

员工收入有保障并逐年稳定增加，幸福指数不断提升。工作是为了更好地生活，成家买房、孩子教育、赡养老人、改善生活质量等，钱不是万能的，但收入的多少的确影响着生活质量，进而影响幸福指数，影响队伍稳定。在企业发展过程中，华威逐步建立起"以绩效工资为主，充分体现员工报酬与企业效益、本人业绩挂钩，按贡献大小，多劳多得、奖勤罚懒、奖优罚劣的工资激励机制"，明确工资级档，细化岗位工资。员工工资待遇逐年递增，平均每年增加9.1%，公司为1200名员工办理了社会保险，为固定期限员工发放社保补贴。随着公司效益的提升及资产的增值，员工股东投资得到了较好的回报，2011年至2016年的6年间，股东投资回报率为30.1%，股东分红率平均每年为33.3%，股票每股增值达到1.33元，员工拥有行业内较高的工资收入水平。有保障且稳定增长的收入是幸福感的基础，也是华威发展的原动力。

晋升有通道，"相马、赛马"机制让所有华威人各尽其能，展现人生精彩。一家近万名员工的企业，集团总部、区域总部、分公司、子公司、项目部、班组等管理层级，大批优秀人才成为管理人员，成长在不断晋升的路上。对于那些具有管理天赋者、业绩突出者、竞聘竞岗成绩优异者、具备实力毛遂自荐者，公司都会不拘一格委以重任，让其得到施展才能的机会。华威各级管理人员都是从一线奋斗、一线出彩而逐级提升的。从保安员晋升到班长、中队长、大队长、主任、副总经理、副总裁等各个职位，那是一幅幅伯乐相马、赛场赛马的生动景象。

岗位成就一线员工，人尽其能激活华威发展动力。企业经营需要的是更多的踏踏实实、兢兢业业的一线员工，职务晋升不能也不可能成为员工提升的唯一通道。为提高保安队伍整体素质，充分调动技术人员和业务人员的工作积极性，1998 年华威公司出台了《技术员、业务员、科员等级评定的具体规定》，将技术员、业务员、科员等级确定为 4 级，对每个等级确定了相应的评比条件，每年评定一次。这样，就打通了一线员工的晋升通道，形成了覆盖全员的管理岗、业务岗双通道成才之路。幸福企业要依靠员工来创造，员工是企业的财富，员工快乐工作、快乐生活，企业才能健康、持续、和谐发展。

管理有力度，亦有温度，有人情味的管理使华威不断壮大。保安行业的生产要素是保安员的劳动。保安员岗位分散，甚至一人一岗，他们每时每刻的工作状态决定着企业的成败。如何让保安员在艰辛而繁忙的工作中感受到幸福，那就是既要有钢铁般的纪律，还要有慈母般的关爱。华威创造性地提出了"以情感管理为主，以制度管理为辅，以精神自律为中心，以传统文化为根基"的企业"家文化"建设理念。有制度不唯制度，不以单一奖惩办法处理问题，追求从心而守的群体自律；有竞争但不激化矛盾，达到从心而干的目的；有指标但不唯指标进行工作考核，表现出从心而求的心胸和愿望。广大职工在干事创业中受到极大的精神激励。时时以人为本，事事关爱职工，体现在"职工小家"建设、工作现场慰问，体现在病困职工长效帮扶、职工出现问题进行心理疏导等。华威从体制机制入手，实实在在地解决员工的各种困难。结合评先进、树典型等工作，制定合理的奖励措施；春节、中秋节、端午节等传统节日为员工发放节日礼物，组织年度体检、年度旅游，运用各种福利制度对员工进行身心关怀。以 2016 年为例，集团在 2 月向 176 名困难职工发放补助金 113800 元；9 月对 44 名考上大学的员工子女进行奖励，发放助学奖励基金 38400 元；夏季发放防暑降温茶；11 月，组织员工免费体检。有温度的管理，让每一名员工感受到家的温暖，从而让他们积极主动地投入工作。

2017 年 8 月，华威集团决定对企业文化进行梳理重构，"建设幸福华威"正式被列入公司战略目标，成为华威梦的核心内容。在科学总结华威企业文化建设的基础上，推出一系列活动。11 月，集团公司组织开展了"模范职工小家"评选活动，依据华威"模范职工小家"的建设标准，进行检查验收，评定出上海公司绿洲千岛别墅项目部等 18 个项目部为 2017 年度华威"模范职工小家"。建设党员活动室，购买配备书籍约1000册，中华全国总工会在公司建立职工书屋，赠送图书800多册，供党员、职工学习使用。12月17日，曲阜分公司在曲阜师范大学操场举办职工运动会，分别进行了各经营部方队队列比赛、擒敌技能比赛、拔河和趣味比赛等，展示出华威员工团结、进取、超越的精神面貌。

"创建幸福华威，不仅是领导的责任，更要靠全体员工的共同参与和努力，才能实现这个宏大的目标。建设幸福华威不是一年两年的事情，而是一个长期的战略目标，要持久地坚持下去，使广大员工的幸福指数不断提升。"董事长荀金庆把建设幸福华威作为自己终生奋斗的目标，作为华威人代代相传的神圣使命。在他的倡导和指引下，幸福华威建设如火如荼地开展起来，逐渐形成由表及里、由浅入深、由管理层向全体员工辐射的情势。公司确定2021年为集团"幸福华威创建年"，正式拉开全面建设"幸福华威"的序幕。

2021年3月6日，山东华威保安集团举行了隆重的"幸福华威创建年"启动仪式。活动以庆祝中国共产党成立100周年为契机，通过幸福华威创建，增强广大员工的获得感、归属感、幸福感，提升职业自豪感，凝聚智慧和共识，激发斗志和活力，增强责任担当，应对百年变局，为建设民族保安强企而共同奋斗。活动开展以来，各分公司积极响应，纷纷将这一理念落到实际行动上，谱写幸福华威新篇章。

从关爱员工健康出发，进一步践行以人为本发展理念。济宁分公司、曲阜分公司、犬业公司、管线巡护分公司分别组织员工进行了免费体检活动，员工及时准确地掌握了自己的身体健康状况，达到"早诊断、早预防、早治疗"的目的，切实保障员工身体健康。公司为员工健康买单，员工对自己的身体负责，以健康的体魄投入工作，为华威的发展作出更多贡献。

丰富员工文娱生活，营造团结友爱、健康和谐的工作氛围，进一步增强员工的集体荣誉感和团队合作精神。2021 年 3 月，济宁分公司为 13 名员工共同庆祝生日，一起唱生日歌、许愿、吹蜡烛、吃蛋糕，其乐融融；江苏分公司举办"幸福华威创建年，趣味掼蛋争霸赛"；湖北分公司开展端午节慰问员工活动；海南分公司积极参加"崖州湾杯"体育文化节等。丰富多彩的文娱活动进一步增强了员工队伍的凝聚力和向心力，激发了大家立足岗位爱岗奉献的工作热情。

以职工书屋为主要阵地，以教育活动为主要载体，引导员工树立正确的道德观、人生观、幸福观，使员工和企业在价值观上保持高度一致。集团职工书屋始建于 2017 年，面积 100 平方米，藏书 2000 余册，涉及人文历史、政治经济、社会法律、传统文化、科学技术等多方面内容，拥有藏书阅读和学习沙龙两个功能区。集团以党的思想指引为行动指南，扎根儒家文化的精神高地，传承安保儒商品牌，全面落实华威集团人才发展战略，契合新时代广大职工的文化需求，着力加强"职工书屋"建设。集团以建设"职工书屋"为契机，结合开展"幸福华威"创建活动，在国内 30

多个分公司项目部中建设"职工小家"60个，每个"职工小家"都配备图书、杂志、报纸，形成了"家庭图书站"。重视传统文化教育，在一线职工中开展传统文化诵读活动，利用晨会和参加活动的机会背诵《论语》《弟子规》。华威保安队员熟练背诵传统经典，已经成为华威文化品牌创建的一道亮丽风景线。一线员工汲取优秀传统文化，提升"四德"素质，涵养精气神；职工书屋为职工成长成才搭建起广阔平台，成为职工思想政治引领的重要阵地。

为让员工感受到华威大家庭的温暖，拉近队员之间的距离，提高团队凝聚力，根据基层单位实际情况，公司积极改善员工的工作和生活环境，在生活上提供便利，在情感上注重关怀。各项目部严格按照"职工幸福小家"建设标准，遵循因地制宜、彰显文化的原则，科学规范建设项目部驻地，把生活必备品、娱乐设施都配备到位，充分保证项目部办公室、会议室、员工宿舍、员工餐厅、盥洗间等区域干净整洁，为员工营造一个舒适温馨的工作生活环境。员工家庭发生重大变故或者生活困难，公司领导都要及时帮扶处理。对单身员工，关注其婚恋问题，给他们创造脱单机会；对家庭困难员工，时常慰问，及时为他们排忧解难。从发展空间上，重视每位员工，科学规划员工的职业生涯，为他们创造更多的学习、成长机会。比如，以老带新、技能培训等，在提高他们工作能力的同时，还注重提升他们的自身价值感，营造出互相关爱的幸福华威文化氛围。

建设科学合理的"薪酬＋激励＋福利"机制。在综合收入上，兼顾薪资、奖金、福利的平衡性，达到薪资水平在行业内具有吸引力、奖金水平能很好地激发员工的工作激情、福利水平能让员工感受到被重视的效果，三管齐下，提高员工的向心力、凝聚力。在员工发展空间上，创造更多的机会和平台，提升员工的综合能力，规划员工晋升通道，给员工一个"努力了就能获得回报"的美好期待，让员工对未来充满希望，从而激发员工的创造力和工作激情。从环境布置、团队和谐等方面着手，通过改善项目部环境、配套文化设施、开展团建活动等方式，让员工在公司有在家的感觉，从而提升员工的幸福感、归属感。

为树立目标，引导方向，董事长荀金庆在 2021 年 12 月著文《谈幸福观》，明确指出："我们建设幸福华威，最主要的目标就是要让广大员工成为幸福员工。"他创造性地列出了幸福员工的八条衡量标准：受到尊重，有尊严之感；得到关爱，有亲情之感；无后顾之忧，有安全之感；收入稳定，有满足之感；企业受社会敬重，有自豪之感；企业风清气正，有正义之感；员工福利较好，有优越之感；企业有济世情怀，有社会责任之感。

一个社会的理想是为大众谋幸福，一个企业的理想是为员工谋幸福。如果说中国梦是国家的梦、民族的梦、人民的梦，那么，"幸福华威"则是每个华威人的梦。华威近万名员工，背后就有近万个家庭。幸福的员工传递出的是幸福的温度和力量，就像荀金庆董事长所说："华威梦是中国梦的一分子，华威梦是时代赋予华威人的社会责任。"

第四章

齐之以礼　循序发展

儒商智慧　礼

华威走过了独木桥，眼前却没有出现康庄道。他们依然在崎岖的小道上艰难探索，用心寻找着一种叫作"序"的东西。序，秩序也。他们要建立一个框架，让自己的企业在这个框架中有序前行。

"序"属于儒家思想中"礼"的范畴。"礼"这个概念对于中国至关重要。世界上有礼治思想、礼治文化的国家唯有中国。中国传统文化的核心是"礼"，中华文明的核心亦是"礼"。中国属于世界四大文明古国之一。可在漫长的历史长河里，古巴比伦、古埃及、古印度都在泥沙俱下的冲击中不复存在，而只有中国依然充满勃勃生机屹立在世界东方。究其原因，就是因为中国具有礼治思想。一个国家是这样，一个企业也是如此。山东华威在近几十年波澜壮阔的经济大势中，不过沧海一粟而已。但她却越过高山，跨过平原，昂起头颅，挺起脊梁，傲然走向远方。何也？实则得一"礼"足矣。

礼，本是原始社会人们在日常生活中的风俗习惯，殷商时代成为祭祀之礼；到了西周，又从宗教领域扩大到社会政治领域，成为维护宗法等级制的周礼。

孔子自幼对"礼"特别感兴趣，成年后对"礼"进行了广泛而深入的研究。从事教学后，又把"礼"作为重要内容列入教学科目。

孔子一生对"礼"十分重视，《论语》中"礼"共出现74 次。孔子讲的"礼"有三层含义：（一）礼是历史发展的标志。子曰："殷因于夏礼，所损益可知也；周因于殷礼，所损益可知也。其或继周者，虽百世可知也。"（二）礼是治国的法度。子曰，"为国以礼"，"齐之以礼"。（三）礼是行为的规范。子曰，"不学礼，无以立"，"立于礼"。孔子对"周公之礼"作了原则性的批判继承，把他的礼治主张施用于每一个人。周礼主张"亲亲"，孔子主张"爱人"；周礼主张举用亲故，孔子主张举用贤才；周礼主张"礼不下庶人，刑不上大夫"，孔子主张"齐之以礼"。孔子从历史观、政治观、人生观的高度把礼结合成为一个有机的整体，从而把周礼提升到一个新高度。

"礼之于人，犹酒之有蘖也，君子以厚，小人以薄。"（《礼记·曲礼》）蘖，酿酒用的酒曲。这里是说，君子能够以礼行事，就像酿酒用了酒曲，出来的酒就会醇厚绵柔，人守礼做人就会醇厚；而小人不守礼，就像酿酒没用酒曲，出来的酒寡淡无味，人不守礼做人就浅薄。

孔子说："礼者，理也。"（《礼记》）礼就是做人的基本道理。他又说："礼者，事之治也。"（《礼记》）礼是做事的根本方法。二者合起来，礼就是做人做事之道。中国人自古讲天理，靠的是道德的力量，又把道德这样一个看不见摸不着的东西转化成为一个可操作的体系，这就是礼。

《礼记》中说，礼者，自卑而尊人。礼者，敬人也。守礼，是一个人成功的前提。为什么？首先，礼应是人自觉的内在约束，只有懂得了礼，才能够放下身段而尊重别人；礼还是人的行为准则，是社会对人的外在约束，只有顺应了这种外在约束，才能做到敬人敬事。当初荀金庆身为公安局办公室主任，如果顺理成章当个书记、局长，他的人生可能是"很光鲜"；可组织决定让他去做保安工作，从"局领导"到"保安头"，他并没有觉得自己黯然失色。那个"局领导"为什么就得偏偏由你去做，那个"保安头"自己为什么就不能去做？因此，他心安理得。他敬组织、敬领导，从而也得到了组织和领导的认可与尊重。没有这种内心的庄重，就不可能放下身段。放下了身段，才有了内心敬的心理状态。

只有内心敬，才能带出一个内心敬的团队。"冉雍问仁，子曰：'出门如见大宾，使民如承大祭；己所不欲，勿施于人，在家无怨，在邦无怨，可以为仁矣。'"敬人，就要容得下他人的短处。孔子有一位学生叫子夏。子夏学识渊博，却稍有吝啬的缺

169

点。一天下雨，孔子与弟子外出，雨伞不够，有个学生提出向子夏借伞，孔子拒绝了，因为孔子知道子夏性格中有这样的弱点，就尽量避免去碰触他的短处。这就是真心敬人。荀金庆本为体制内人士，他对下属却没表现出任何优越感，对人总是"出门如见大宾"，不管是衣着亮丽者，还是衣衫褴褛者，他对身边的每一个人都是一样敬重。最初保安门市部的同事，现在是他最好的至交；最初的那些保安员，现在大多走上了公司领导岗位。看着一代又一代保安人在这里成家立业，结婚生子，荀金庆欣慰地说："眼睛是黑的，心是红的。但在利益面前，永远不能让眼睛变成红的，让心变成黑的。"

你敬公司员工，员工就敬他的服务对象。这就是山东华威稳定发展的良性循环。

纵观华威发展史，从体制上可分为国有企业和股份制企业两个阶段；从规模上看，是一个业务不断拓展、队伍不断壮大、效益稳步提升的过程。30年来，华威保安集团持续加强和完善现代企业制度建设，建立产权明晰、权责明确、科学管理、有效制衡的公司治理机制，推进公司管理科学、规范、有效。创建人、掌舵人荀金庆用一句话做了概括："30年来，公司始终注重企业的治理机制和制度建设，逐步形成了比较科学、完善的企业治理机制和制度，才使华威走到今天。"

筑牢基石，守正创新。深入推进制度体系建设，夯实现代企业治理基础，把制度建设和治理能力建设摆在企业发展的突出位置，坚持用制度管权、管事、管人，确保企业科学管控、高效务实、持续健康发展。一是实行"权力制衡"的管理体制。股东大会，企业的最高权力机构；董事会，企业的最高决策机构；监事会，企业的监督机构；经理层，企业的执行机构。二是加强制度建设，让管理纵横到边，无缝覆盖，利用"大数据""移动互联网"等信息化思维，不断完善"一站式"现代化执行管理平台，着力补短板、强弱项、强管理，推动公司治理质量、效率持续提升。制度建设水平决定着企业管理水平，影响着企业战略目标的实现。

"小智治事，大智治制。"有小智慧的人只能做一些细枝末节之琐事，而具有大智慧的人就会通过健全制度来治理世事。荀金庆在他的《儒家文化与企业治理》一文中指出："'礼'是儒家思想和中国传统文化的重要组成部分。孔子曰：'不知礼，无以立。'有子曰：'礼之用，和为贵。'孔子主张，一切行为都应置于'礼'的规范和约束之下，要求人们'非礼勿视，非礼勿听，非礼勿言，非礼勿动。'（《论语·颜渊》）。儒家的礼治思想，就是用无所不包的'礼'来约束和规范人们的一切行为。"

在荀金庆"儒商"思想的指导下，华威保安集团注重用儒家礼治思想去规范员工行为，以儒家传统文化去教化、培育员工，提高员工的道德情操。公司一方面组织广大员工学习《论语》《弟子规》等儒家经典，另一方面加强立规工作，不断完善内部规章制度，做到以规管理，按章办事，成功地将儒家文化植入企业制度建设中来，形成了具有鲜明特色的华威制度文化。

与时俱进的治理机制

公司法人治理机制，也称为公司内部管理体制。任何企业的发展都需要科学合理的组织体制和管理机构，使之具有决策能力、管理能力去行使权力，承担责任。

1993 年，曲阜保安服务公司成立之初，就根据《中华人民共和国公司法》进行企业市场化运作和管理。作为当时的国有体制企业，公司建立起在曲阜市公安局党委领导下的经理办公会制度，组建了经理层，公司重大决策首先由经理办公会研究后报局党委批准实施。为了完善现代企业制度建设，2000 年 9 月，根据中共中央《关于国有企业体制改革和发展若干重大问题的决定》，在荀金庆的主导下，向曲阜市公安局提交了《关于保安公司体制改革的意见》。该意见主要是设立董事会、监事会，扩大企业的经营自主权。2001 年 2 月，经曲阜市公安局党委同意，公司一届一次董事会召开，研究决定了董事会、监事会组成人员。之后的数年时间里，凡公司重大事项均由董事会先行研究，为曲阜市公安局提交决策意见，保证了企业充分行使经营自主权，企业经营保持了健康发展的势头。直至 2009 年改制前，企业一直实施着国有企业治理机制。

2008 年，曲阜保安公司向曲阜市公安局提交《曲阜市保安服务公司改制的请示》，同年 10 月 31 日，召开一届一次股东代表大会，到会股东代表 52 人。大会选举产生了第一届董事会及监事会，表决通过了《董事会、监事会候选人产生办法》《董事会、监事会选举办法》《公司章程》，以票决方式选举产生新公司董事会和监事会成员。此届领导集体在公司发展历程中，尤其是在改制后的几年里，发挥了重要作用。截至 2010 年，华威保安第一届二次股东代表大会召开，董事会、监事会圆满完成公司改制这一重大历史转折，为华威的发展、壮大奠定了坚实的基础。2010 年，荀金庆在接受《中国保安》杂志社编辑部主任李勇采访时说："通过改制，我们建立起了真正意义上的现代企业制度。企业按'产权清晰、责权明确、政企分开、管理科学'的要求，建立了完善的现代企业制度。成立了股东大会、董事会、监事会等现代企业才会具备的相关机构，公司一切决策和管理都必须按《中华人民共和国公司法》《公司章程》行事。"

2013 年，华威召开二届一次股东大会。自此开始，华威股东代表大会于每年的 3 月召开，每届 3 年。截至 2022 年，已经召开了五届股东大会。在历届股东代表大会上，参会代表都会重新选举董事会和监事会，选举董事长和监事会主席。公司经营管理情况、重大决策都会向股东进行汇报和讨论表决。严格按照《中华人民共和国公司法》和现代企业管理要求，不断规范和完善企业治理机制，确保了华威近 30 年的良好发展。2022 年 3 月，为进一步强化公司治理机制，华威引入了合伙人制度，将董事会改设为董事局，使华威治理机制得到进一步完善和加强。

坚持完善工会组织及职工代表大会制度。公司注重员工的权益保障。为团结企业员工，使其充分发挥主人翁意识，主动参与企业民主管理和民主监督，1996 年建立了曲阜保安公司工会，1999 年召开了第一届职工代表大会。至 2009 年公司改制前，共召开 5 届职工代表大会。2009 年，华威保安公司改制后，又召开了第一届一次职工代表大会，职工参与企业管理的良好传统一直延续至今。每年的职工代表大会上，与会代表都会听取公司工作报告及代表提案落实情况的报告，对公司重大决策进行讨论，献计献策。每年平均接收员工提案 70 多份，做到件件提案有落实。职工代表大会制度的实施，提高了企业管理水平，促进了公司稳定、可持续发展，使华威人能够像石榴籽一样团结在一起，奋发前行。

曲阜市保安服务公司酝酿伊始，就明确了企业安身立命的根本，建立了清晰高效的管理体制和较为科学的组织管理体制。公司内部相继设立了办公室、保安部、培训中心、财务科、政工科等管理部门。截至 2009 年改制前，公司下设行政管理机构，有办公室、财务部、人力资源部、保安培训部；下设经营机构，有护卫中心、上海分公司、报警中心、鑫威安全技术防范科技有限公司、日照分公司、保安汽车驾驶培训学校、鑫安犬业护卫有限公司和中泰安康保险代理公司等。

在 2009 年改制时，根据中央关于国企改革的有关要求及《中华人民共和国公司法》规定，对保安公司准确定位，按照产权清晰、责权分明、政企分开、管理科学的原则，建立现代企业制度，使之成为适应社会主义市场经济发展的自主经营、自负盈亏的经济实体，把保安服务作为特殊商品推向社会。

改制以后，华威保安迎来了快速发展的黄金时期，为适应经营管理和市场拓展的需要，企业内部管理体制作了较大调整，使之逐步规范和完善。2010 年，华威保安集团建立起以人力资源招收培训、员工队伍管控、质量管控、财务管控、绩效考核、企业文化建设六大管控体系。华威保安抓住先行改制的有利时机，实施"走出去"发展战略，加快各区域发展步伐，经营分支机构不断增多。截至 2017 年，子公司、分公司达到近 30 家。为此，华威对管理机构再次作出重大调整，在先行成立青岛区域总部和上海区域总部试点的基础上，推行区域化管理，充分发挥区域在发展中的沟通、协调、资源共享作用。2022 年，华威已设立上海区域总部、曲阜区域总部、青岛区域总部、北京区域总部和路网事业部、投资发展事业部、安防科技事业部 7 个区域组织架构，形成了集团总部、区域总部（事业部）和子公司、分公司三级管理体制，为企业高效运转奠定了坚实基础。

以人为本的制度建设

管理是企业发展永恒的主题，制度是管理的有效保障。孟子曰："不以规矩，不能成方圆。"（《孟子·离娄上》）唐朝伟大的现实主义诗人白居易曾说："仁圣之本，在乎制度而已。"世上具有仁德的人以至圣人，都会从根本上注重大家共同遵守的办事规程或行动准则。制度建设关乎企业的稳定发展，是员工在工作中必须遵守的准则。保安队伍建设走向规范化、制度化，就需要管理者提高自身素质，创新管理模式，建设一套科学高效、规范严格的管理机制，运用科学管理方法，提高队伍的服务能力和竞争力。

1993 年 4 月，公司创立伊始，就将制度建设放在了重要位置，结合企业发展实际，建立健全各项规章制度。随着企业不断发展，制度建设工作进一步加强，形成了一套完整而又符合企业发展需要的制度体系。这是一个漫长的由浅入深、由简至繁、由少到多的系统工程。为满足经营管理的需要，公司出台的第一个规章制度就是 1993 年 7 月印发的《关于财务管理的规定》，而后相继制定出台了各类会议制度、请示报告制度、员工管理办法、档案管理制度、车辆管理制度、装备管理制度等。

2001 年，荀金庆参加了公安部中保协会组织的赴澳大利亚集宝国际培训中心的学习培训。目睹国外保安业的发展，他深深地体会到，借鉴国外先进管理经验，建立精简、科学、高效的管理体系，加快企业现代化制度建设，是企业发展的必由之路。

严格的规章制度，能够确保服务质量得到不断提升。因此，公司从规范保安队员的仪容仪表到言行举止等方面制定了一系列规定及考核标准。比如，在《员工目标管理责任制考核办法》

中，甚至连没系扣子、歪戴帽子、头发长、托腮、值勤时吸烟、吃零食等诸多细节都规定扣分。细节决定成败，保安服务的质量关键就在这些细节上。

制度有了，在执行的过程中就不能含糊。军人出身的荀金庆"治军"是严格的。有一次，一名保安在某值勤点值勤时做出违纪行为，因这名保安是一位领导的亲戚，下面的大队长商量了半天，觉得处理上很为难，只得去请示荀金庆。听了汇报后，荀金庆说："这还要汇报吗？制度面前人人平等。"从这件事上，同志们看到了制度严明多么重要。

2002年，时任保安大队长的孙勇（现任华威集团公司副总裁）在一篇文章中写道："公司这套规章制度，尤其是对队伍的管理，有点'摸着石头过河'的意味，是一步步摸索出来的，每出现一个问题，荀总总是提倡'一事一议'。在此基础上制定出新的措施，就成了我们曲阜保安独创的制度，我们就是这么一步步走过来的。"这段话很形象，也很贴切地反映出制度建设的实际，当时的曲阜保安公司在管理上没有现成的制度和管理经验作为参考，只有边干边学，围绕着保安队伍的管理，先后制定实施了《保安员考勤制度》《保安员职责权限》《保安员管理细则》《保安员管理暂行办法》等规章制度，这为公司的发展和队伍的管理都奠定了基础。

制度健全并不断完善，体现在《规章制度汇编》的更新和丰富。2008年，曲阜保安公司经过15年的发展和积淀，各项管理规章制度已经非常完善，涉及行政管理、队伍管理、经营管理各个方面。为进一步健全制度管理，充分发挥制度的保障作用，企业对现有的所有规章制度和管理规定进行了系统的梳理，编印了《规章制度汇编》，将所有制度均纳入其中，企业的制度体系建设初步完成。

2013 年，是华威改制后的第四个年头。在这 4 年里，为适应和满足华威改制后经营管理的需要，行政制度、财务管理制度、人力资源管理制度、员工任免制度等各项规章制度都有了很大调整。体制转变了，制度必然随之调整，华威在 4 年中共计制定出台各项规章制度 39 项，对这些规章制度再次进行了梳理，重新编印成为《规章制度汇编》第二版。

2014 年至 2019 年是华威发展的重要时间段，"一三五"规划实施完美收官，"二五"规划的实施也处在关键时期。"一体两翼"的市场发展格局基本确立，华威品牌的影响力得到较大提升，形成了华威独特的企业文化体系，建立了较为成熟的治理机制和管理体制。尤其是 2018 年华威创立 25 周年之际，相继出台、修订了一大批管理制度，比如，《华威基本法》《股东（代表）大会议事规则》《董事会议事规则》《监事会议事规则》等，形成了华威第一层级的基本法；《行政管理办法》《运营管理办法》《营销管理办法》《财务管理办法》《人力资源管理办法》《管理人员管理办法》等，形成了第二层级的管理制度；《高管人员管理规则》《员工奖惩细则》《会议管理规则》《公文管理规则》《财务管理细则》等，形成了第三层级的实施规定。2019年，华威第三次对现行制度进行汇总梳理和修订，编制了《规章制度汇编》第三版。这一时期的制度建设明显上升了一个较大层次，这为华威今后一个时期的发展提供了坚实的制度保障，对华威继续保持稳定、健康的发展有着举足轻重的意义。

华威不仅有着较为科学、完善的制度，而且在制定制度时将"以人为本"的思想理念融入其中。比如，在制度设计中，着眼大多数人的进步诉求，建立了一系列科学的员工晋升机制。1998年，公司出台了《技术员、业务员、科员等评定的具体规定》，每年评定一次，打通了一线员工职级晋升的通道。这项制度对于稳定员工队伍，提升员工幸福指数起到了积极作用。1999年，公司大胆打破了原来的用人制度，根据公开、公平、公正的原则，进行竞争上岗，先后进行了5次中队长、班组长、部门行政管理岗位的竞争上岗。有457人次参加竞聘，275人次走上新的工作岗位，26人次落聘。竞争上岗，激活了用人机制，体现了"能者上，庸者下"的原则，激发了全体员工一心为公、献身保安事业的积极性，被队员们称为"阳光下的选拔机制"。2021年，又制定了《基层管理人员选聘、考核、奖惩及管理细则》，建立了科学的管理骨干培养、选拔和晋升机制。在加强中高层管理人员方面，公司于2018年开始，在每年的2月对中高层管理人员进行年度工作履职评审，评审结果分为胜任、基本胜任、不胜任。5年来共评审369人次，对评审结果为基本胜任的17人和不胜任的 4 人分别给予诫勉谈话、降职或免职处理，有效激发了员工们的敬业精神，提高了大家的工作积极性。

赛道畅通，才能万马奔腾。华威保安集团的赛马机制，为企业发展注入了无尽的活力和动力。

近悦远来的治理效果

孔子周游列国，楚国大夫叶公向他请教政事，子曰："近者说，远者来。"（《论语·子路》）叶公问孔子为政之道，孔子说，使近处的人感到高兴，使远处的人前来投奔。在企业经营上，先让近处的客户满意，企业声名远播，远方的客户才会慕名而来。

从 3 间房屋的保安器材服务部，到白手起家的保安公司，再到粗具规模的一流保安企业；从首批 50 名队员"试试看"引发的"金塔王效应"，到现在的近万人队伍；从服务曲阜，辐射周边，到遍及全省、进军上海、走向世界；从单一业务，到保安业务全覆盖；在华威保安集团的成长发展中，严格的服务质量管控，使华威这个企业出现了"近者说，远者来"的理想局面。

质量是企业的生命，华威保安始终将保安服务质量的提升作为经营管理的头等大事来抓。创立之初，华威保安边干边摸索，逐步建立了一套完善的质量管控体系。董事长荀金庆说："保安公司能不能发展壮大，关键在于服务质量。提高服务质量，必须狠抓内部管理，狠抓队伍建设，搞好优质服务，树立起保安队伍的良好形象。"

服务质量如何得到保证，要有一个专门的机构担负起监督管理的职能。1994年，在保安大队下设立了稽查分队，安排专职督查人员，主要负责对保安服务过程、队伍管理情况开展督查工作。随着队伍的不断壮大和业务量的增多，1998年，公司单独设立了督查室，1999年改设督导部。2010年公司改制后，为适应现代企业管理的需要，结合公司发展实际，升格质量监督管理机构，在原有督导部的基础上设立运营中心，配足管理人员，明确工作职权。扩大运管职能作用，除对服务过程和队伍管理的日常监督检查以外，又将客户满意度调查、投诉处理、服务质量评估等也纳入运管工作范围。2014年，根据管理需要，在各子公司、分公司设立运管部，在集团运营中心的指导、监督下负责本单位质量监督管理工作的开展，归口管理，条块结合，质量管理体系建设得到逐步完善。

服务值勤点面广、线长，开展现场检查比较困难。为解决这一问题，2015年，集团投资800余万元组建了视频监控网络总控中心，分别在集团总部，各子公司、分公司设立了"二级管控平台"，通过网络视频对服务过程进行全程监督。

公司对质量建设给予足够的保障，先后制定了《员工守则》《综合管理及服务质量考核实施细则》《运营管理考核细则》《运营管理办法》等质量保障制度。在保安队伍中开展经常性活动，比如，"岗位练兵，让客户满意""质量管理提升年""创优质服务，保客户平安"等活动，在各工作岗位积极开展"创客户满意先进班组""优质服务流动红旗""十佳保安员"评选活动。通过这一系列活动的开展，保安员的质量意识、服务观念得到不断提升。

2006 年，华威创立 13 周年。经过十几年的发展，企业经营管理走到一个瓶颈期，尤其是在管理上，国有体制的管理模式已经不适应市场发展的需要，华威急切需要引进科学先进的管理模式和理念，以提升企业的竞争力和抗风险能力。为此，2006 年初，公司在山东保安行业中率先进行了国际质量管理体系认证工作，申报通过了 ISO 9001 国际质量管理体系认证。质量管理体系的运行，标志着公司朝着科学化、规范化、标准化管理的方向迈出了坚实的一步。2014 年，华威引进和通过了 ISO 14001 环境管理体系、ISO 45001 职业健康安全管理体系认证，成为国内三项证书齐全的唯一一家保安公司。2019 年，通过了售后服务体系五星级认证。

ISO 9001 质量管理体系认证资格证书及环境管理体系、职业健康安全管理体系证书的获得，既是对公司前期保安服务质量的肯定，又是公司取得客户信任，拓展保安业务的最好名片。保安市场放开后，业务向高端客户发展大有成效。

在"一三五"发展规划实施期间，集团北京区域总部相继发展了天津电力、长城汽车、北京阳光保险总部、中国科学技术馆、湖北长江三峡实业钓鱼台一号、二号项目。

青岛区域总部相继承揽了烟台万华化工基地、青岛中学安保项目、潍坊赛轮轮胎、麟丰化工、大唐山东发电青岛项目保安、保洁一体化服务。

济南区域总部加快"三线"发展，设立了铁路护卫、高速公路护卫两个分公司，新增山东省内高速收费站 3 个，四川高速服务区 5 个；中标青盐铁路巡护项目。

鲁西南区域总部将业务扩展至 10 个县区，菏泽华润电力、银座和谐广场等大项目得到拓展。

曲阜、海南区域总部设立了管线巡护分公司，先后承接了中石油泰青威日照支线管道巡护、山东中油天然气管道、中石化鲁皖成品油管道、烟台港集团原油管道、中石油昆仑能源金捷天然气管道、中石化青岛至聊城管线、日濮洛管线、港枣管线及曲阜境内部分电力线路的巡护，海南分公司新增鲁能总部等 4 个项目。

上海区域总部先后承接了鲁能公馆、九歌上邸、海上名邸、南京华为研究所、紫金嘉悦、华为项目、新浦化学（泰兴）有限公司、吉利汽车、上海万达等安保项目，有的合作项目还辐射至南通、邹城、济南区域。

国内外科学管理体系的引入，促进了华威服务质量的不断提升，华威品牌得到广大客户的认可，华威品牌影响力不断增强。在本书编写过程中，作者走访了华威全国各地的数十家客户，我们为之感动的是，华威不仅获得了很多金杯银杯，更宝贵的是赢得了客户交口称赞的"口碑"。让我们一起来听听几位客户代表的心声。

中国石化总部罗朝彬

多年来，华威对中国石化总部以及中国石化其他项目的安保护卫工作，对维护办公秩序与稳定都作出了很大贡献，发挥了重要的作用。华威集团的高层领导非常关心关注中国石化这个项目，给予了多方面的支持。中层管理人员克服困难想方设法做好项目的各项管理工作，保证了安保服务工作的顺利开展。保安员战酷暑，斗严寒，24 小时全天候守护在各个岗位。因为他们辛苦地付出才保证了总部各项工作的顺利进行，保证了总部干部员工正常的工作秩序。华威员工队伍优良的作风为中国石化树立了良好的形象，让我们得到了总部各级领导和全体员工的赞扬与肯定。

中国石化长城润滑油有限公司张贺征

我们与华威保安集团合作有 5 年的时间了。在决定聘用华威保安时，因其是一家外省的公司，当时北京还没有外地保安，我们对他们能不能做好工作还存在疑虑。但通过去山东考察，我们感受到这样一个在浓厚儒家文化熏陶下的保安企业焕发出的勃勃生机，他们有近 20 年的专业运营经验和优秀的管理团队以及保安员工，我们坚信他们一定能够胜任工作。通过几个月的实践，我们也对当初的选择感到庆幸。他们不辱使命，处处以客户的满意为基本要求，为保证客户安全为根本目的，为我们的企业发展确实起到了保驾护航的作用。他们在工作中注重礼节，微笑服务，严守纪律，得到了公司领导和所有职工的交口称赞，不仅给华威保安集团争了光，也为我们润滑油公司争得了荣誉。

青岛卷烟厂李长鲲

华威保安走进青岛卷烟厂是 2010 年 2 月。在合作前期，华威人诚信、自信、执着的态度打动了我们。当时，我们抱着试试看的态度，成为华威集团青岛分公司第一家合作客户，保安员从最初的 10 人发展壮大到今天的 150 人，安保工作从单一的门卫管控，延伸到涉及全厂内的道路交通、安全维护、中控值守、消防等突发事件应急处理工作。他们恪尽职守，敬业爱岗，在平凡的工作岗位上，坚持履行工作职责，维护了良好的生产办公秩序。他们管理严格，服务热情，工作中有礼有节，彬彬有礼，得到了职工的尊重。他们态度端正，高度负责，双方保持了通畅的沟通渠道，对我方安保工作建设发挥了积极、重要的作用。通过 5 年多的合作，达到了我方安保工作科学化、专业化、精细化的要求，青岛卷烟厂和山东华威保安集团两家企业实现了互惠互利、合作双赢。

曲阜市文物局柳枫

世界文化遗产——曲阜"三孔"景区自 2001 年与华威集团合作以来，已携手走过 21 个年头。保安队员在"三孔"景区的最前沿，负责门禁检票和安检，为维护景区良好的旅游秩序和历史文物的安全作出了巨大的贡献。无论严寒酷暑，还是风霜雪雨，保安队员们始终坚守岗位，兢兢业业，尽职尽责，赢得了广大游客和社会各界的高度赞誉。

回顾华威集团近 30 年来的发展历程，我们发现，成就的取得不是偶然的，坚强有力的领导核心，变革创新的企业精神，以人为本的企业文化，严格细微的管理制度，加上全体华威人超强的执行力和高度的责任感，才铸就了华威集团今天的辉煌。

强基固本的"三化"建设

华威创立之初，实行半军事化管理，招收的前几批保安员大多数也是退伍军人。从一开始，企业就狠抓保安服务规范化建设，力求树立良好的社会形象。2010 年，华威保安在经营管理中开始实施"管理规范化、服务标准化、工作流程化"的"三化"建设。

坚持规范化管理，确保服务质量。公司制定了《保安服务操作规程与质量控制手册》，对保安员的仪容仪表、言行举止、礼节以及对各种突发事件的应急处置都作了明确要求。

山东省平安办在 2005 年《山东法制报》撰文详细介绍华威规范化建设事迹。对保安公司进行规范化建设，是确保保安公司发挥作用的前提条件。对此，曲阜保安公司做了以下两项工作：一是从保安员招聘开始，就严把人员入口关、技能关、纪律关。在队员招聘时，严格标准条件，认真进行笔试、面试、政审、体检，严防不合格人员进入保安队伍。对新招聘的保安员，严格技能培训，明确规定必须经过 3 个月的封闭式军事化教育培训，经政治理论、法律知识和擒敌技能等方面考试合格，取得《保安从业资格证书》，方可上岗值勤。在保安员管理上，制定一系列明确的纪律规定，进行严格检查考核，对服务不佳、违反纪律、造成较坏影响和经济损失的严肃查处，严重的甚至被辞退和追究法律责任。二是狠抓保安服务规范化建设，树立良好的社会形象。针对保安班组是保安服务的基础和面向社会的窗口的特点，规定凡是派驻在客户单位的保安班组一律实行挂牌上岗，在值班室配有保安人员照片和保安服务监督电话的监督台，主动接受客户及社会的监督。统一建立值班值勤、奖评考核、卫生检查等一整套规章制度，从仪容仪表到言行举止，从日常生活管理到上岗巡逻值勤，都制定了明确规定及考核标准，做到统一规范、整齐划一。

在企业的视觉展示中，华威也是下足了功夫。上到华威总部，下到各子公司、分公司，以及各个值勤项目，当你走进他们当中，映入眼帘的形象展示都让人深刻感受到华威的内涵，对他们的印象也会得到升华。2017 年，华威就建设了自己的视觉识别系统，从企业的 Logo 设计、使用以及各种形象展示都有明确要求，甚至对值勤点的规范化建设都有统一的标准，包括"制度牌""学习园地""文化标语"等视觉展示，对环境卫生和物品摆放也作了详细的规定，充分展示了华威的企业文化形象。

服务标准化，华威走出了自己的路子。2012 年，华威结合工作实际编制实施了《保安服务操作手册》。2016 年，对其进行了修订和完善，编制了《保安服务操作规程和质量控制手册》。手册中对保安员的仪容、仪表、仪态、行为举止、礼貌礼节等都有要求。比如，在仪容方面，对保安员的发型、面部和手部有要求；在仪态方面，对站姿、坐姿、步行、值勤手势和面部表情有要求；在言行举止方面，对文明用语规范有要求；在仪礼方面，对敬礼的方式（举手礼、注目礼、点头礼）、时机、场合等，都有详细的标准和要求。

服务标准是否能够得到认真实施，是有效保障服务质量的前提。华威保安在服务中倡导要做到"四个一"，即一个微笑、一个起立、一个敬礼、一个问候。这既展示了华威保安良好的形象，也拉近了与服务对象的距离，促进了工作有效开展。结合服务项目的工作实际，各项目部还制作了《项目作业指导书》，对在日常工作中要遵守的服务要求，进行了明确规定和说明，作为保安员工作的标准和指南。尤其是在特殊行业的保安服务方面，"标准"对保安工作更加重要。目前承担的铁路护卫业务，自2014年承接第一条铁路巡护开始，华威保安就根据铁路护卫的工作特性，制定了"八字标准""十二字方针"的工作要求。铁路部门各级领导对"华威铁路巡护模式"给予了高度认可。2019年11月，济南铁路局组织有关部门专程到华威保安集团进行交流学习。

工作流程化的管理，进一步加强了对服务过程的控制。华威保安将每项工作尽可能流程化。2014年，与青岛软件公司合作，共同开发了"BPM保安综合管理系统"，实现了工作流程化管理，明确了各项工作流程中的职责和权限，进一步提高了工作效率，促进了企业管理。

2020年7月，华威实施了"品牌营销升级工程"。根据工程方案要求，抽调精干业务力量组成专班落实此项工作。为进一步推进"三化"建设，检验《高校保安服务标准》制定的可行性，分别在现有高校服务客户中选择了曲阜师范大学和济宁学院作为试点单位，进行试运行。济宁学院是华威保安的一个老客户，自2002年在曲阜建院开始，华威保安一直为其提供保安服务，至今已有20多年。根据《高校保安服务标准》的要求，华威对该项目的规范化建设进行了提升，重新制定了上墙制度，印制各项台账记录，采购配备了值勤装备，对在值勤服务中的门卫、巡逻和突发情况处置等工作都制定了详细的工作流程和标准，有针对性地组织学习和培训。标准化建设关系到华威保安的核心竞争力和品牌提升，集团董事局荀金庆主席更是亲抓试点工作、包保试点项目。荀金庆在2022年7月调研济宁学院试点工作推进情况时，学院副院长李凡路对华威保安提供的优质服务及《高校保安服务标准》试点工作表示认可，给予高度评价。他表示，试点工作推广以来，保安员在服务意识、规范值勤、精神面貌等方面均得到进一步提升，很好地展示了新时期华威保安的优良作风，切实担负起了为学院建设保驾护航的责任。

"三化"建设的核心在落实。华威保安集团严格落实层级责任制，一级抓一级，一级对一级负责，既防止"逐步到位"，又防止出现越位。按级负责，各司其职，在位谋事，建立敏捷的信息反馈机制，加强经营的检查和信息反馈，及时发现问题，纠正偏差，确保整个队伍管理系统正常运转。紧紧环绕管理过程中"计划、组织、领导、控制"四大职能，大胆应用系统理论、信息理论、控制理论等现代管理科学，实现从经营管理向系统管理科学的转变，从而减少了管理成本，提高了管理效益。

第五章

好学近知　追求卓越

儒商智慧　智

　　"智"的基本内涵是睿智、智慧。"智"在先秦儒家道德规范体系中具有举足轻重的地位，是重要的道德规范之一，也是儒家理想人格的重要品质之一。"智"的概念在西周以前并不多见，到了春秋之后，"智"才成为人们普遍认可的道德规范。而首先把"智"视为道德规范、道德品质或道德情操来使用的，则是伟大的思想家孔子。在孔子那里，"智"已经是一个明确的道德规范，成为衡量人们行为的一个重要道德标准。

　　"智"在《论语》中经常以"知"字出现，"知"是"智"的通假字。儒家把"仁、义、礼、智、信"作为"五常"。"常"就是恒久不变的意思。"五常"就是五种恒久不变的道德规范。孔子还把"智"与"仁""勇"并列，他说："知者不惑，仁者不忧，勇者不惧。"（《论语·子罕》）意思是，聪明的人不会迷惑，仁德的人不会忧虑，勇敢的人不会畏惧。

儒家思想中的"智"，指的并不是科学智慧，而是一种道德智慧，也就是辨别善恶、是非的能力。在孔子的思想学说中，"仁""义""礼""智"这四个概念都已经明确提出，并加以论述，但作为四种道德规范，还未正式并列在一起。到了战国时期，子思的再传弟子孟轲才把它们并列在一起，名之曰"四端"。孟子说："恻隐之心，仁之端也；羞恶之心，义之端也；辞让之心，礼之端也；是非之心，智之端也。"端，开端，发端，即事物开启时的状态。孟子认为：对别人的痛苦和不幸表示同情，是仁的发端；懂得羞耻和厌恶，是义的发端；懂得谦让，是礼的发端；能够明辨是非，是智的发端。恻隐、羞恶、辞让、是非四种情感是仁义礼智的萌芽，仁义礼智即来自这四种情感，故称四端。到了西汉，董仲舒又在"四端"的基础上增加了"信"。信，诚实，不自欺，不欺人。至此，"五常"最终形成。

儒家所说的"智"就是"明"的意思。曾国藩说："智即是明也。"扬雄说："智，烛也。"（《法言·修身》）意思是，智慧是人生道路上的一盏明灯。在它的照耀下，人才能保持清醒的头脑，以理智的态度明是非，辨善恶，明事理，识利害，既自知，又知人，从而克服不理智的不良情绪，获得对人情世事的正确理解，同时施以正确的措施。"知人"的前提是"自知"。"知人者智，自知者明。"（《道德经》）常言说，人贵有自知之明。一个人既要知道自己的长处，还要清楚自己的短处，更要认识到自己的过错。"知过之谓智"是一个千真万确的真理。"智"还包括君子善于知人的内涵。《论语·颜渊》记载："樊迟问知。子曰：
'知人。'"知人包括"自知"，也包括"知人"。知人就是善于识
别贤佞，也就是知道一个人是好人还是坏人，从而选拔贤才，留
住贤才。"知者，莫大于知贤。"（《大戴礼记·主言》）

孔子非常重视"智"，明确提出："知、仁、勇三者，天下
之达德也。"认为"智"与"仁""勇"一样，是三种任何时代
都通达不变的人类最基本的美德。子曰："好学近乎知，力行近
乎仁，知耻近乎勇。"在孔子看来，君子勤奋好学，以求得仁德
品格和渊博知识，明晰天下事理，博爱于人民大众，这才叫作
"好学近乎知"。君子不仅好学求知求仁，而且还要身体力行，使
自己成为言行一致的仁德君子，这就叫作"力行近乎仁"。在认
识事物（知）与践行事理（行）的过程中，君子难免做错事，
做错了事只要自己知道羞耻，勇于改正自己的过错，这就叫作
"知耻近乎勇"。孔子从修身与事功相结合的角度，充分说明了
"三达德"思想是塑造君子人格的道德基石。

孔子认为，智、仁、勇"三达德"是一个以"仁"为核心
的相互联系、相互补充的有机整体。"智"若离开了"仁"，一
定迷失方向而流于恶。一个人只有用学到的知识去明辨是非、辨
别善恶，才能爱所当爱，恶所当恶，这才体现出"智"的基本功
能。一个人如果不以"仁"（爱人）为根本目的，他智慧越多做
的坏事就会越多。智慧不同于聪明。智慧是在合适的时间与合适
的地点做合适的事情的一种方法，是正确客观的决策力、思考力

和践行力的统一，上升到理性的层次来认识，就是正确的世界观和方法论。聪明则不是，它充其量只是与一般人相比认识事物的能力较强罢了。而聪明的人不一定是有智慧的人，而有智慧的人肯定都是聪明的人。聪明的人，如果不好好利用天赋，弄不好就成了"小聪明"。聪明的人要想成为智慧的人，那就要"好学"。子曰："吾尝终日不食，终夜不寝，以思，无益，不如学也。"（《论语·卫灵公》）孔子说，我曾经整天不吃饭，彻夜不睡觉，去左思右想，结果没有什么好处，还是不如去学习。子曰："盖有不知而作之者，我无是也。多闻，择其善者而从之；多见而识之，知之次也。"（《论语·述而》）孔子说，大概有这样一种人，不知道有多少知识就自吹自擂，我不是这种人。多听听各方面的意见，选择其中好的加以汲取，多角度观察而增长见识。这样获得知识的人，仅次于"生而知之"的人了。

说了那么多的"三达德"，再回过头来反观我们本书的主人翁荀金庆，他不正是孔子提出的"三达德"的化身吗？他没有什么光鲜的学历，更不是什么"生而知之"的智者。可是，他却有着一般人不具备的坚毅精神，学习起来，如磋如磨，入心入脑。一个20世纪60年代的初中生，一个戎马生涯的行伍人，竟然成为一个标准的学习型人才。一个民营企业的企业家，一个带领近万人吃饭的领军人，应该满脑子里都是"经营"，满脑子里都是"赚钱"，可他的脑子里却满是"儒学"。此时，他已如同孔子一般，成为一位名副其实的仅次于"生而知之"的智者。具备了

"智"，再借助于"勇"，他则如鱼得水，在每一个人生的十字路口，他都张弛有致，拿捏有度。从体制内的领导干部去做保安负责人，他从容不迫；从一家国有企业改制为股份制民营企业，他成竹在胸。一路走来，亦有晴空亦有雨；创业途中，亦有霹雳亦有霓！可是，他却步步为营，每一步都没踩空，每一着都没走错。何也？因为他的心里装着一个"仁"，他一步一个脚印朝着仁爱的方向义无反顾地大踏步走去。他爱着他原来的单位，不给单位领导出难题；他爱着公司的每一位员工，把他们的喜怒哀乐、衣食住行记心里；他爱着让企业得以生存的每一个服务对象，时时处处追求着一个"义"字；他爱着社会上每一个都与他素不相识的人，有急相救，有难相帮。总之一句话，他已把仁、智、勇"三达德"融于他的血液，化为实际行动，已由一个踏踏实实的企业家转化为言行由衷的谦谦君子，实乃"梅兰竹菊君子气，忍让谦和王者风"。

一个学习型的企业领袖，当然能够打造出一个学习型的企业团队。他率领他的团队审时度势，主动求"智"。他聘请全国顶尖的经济学专家做他的企业顾问，借梯上楼，借鸡生蛋，提升了企业"智"的层级；他建立"东方儒商学院"，为企业益智插上翅膀；他开办"华威学堂"，为员工益智开拓空间。马克思说："科学的道路上是没有平坦的大路可走的，只有在崎岖小路上勇于攀登的人，才有希望到达光辉的顶点。"

华威——一个学习型的企业，正在书写着一个企业的辉煌！

华威就是一所大学校，到处弥漫着学习的氛围。无论是在集团总部，还是各分公司、每个班组，学习都是重要的工作安排。就是一个人的岗位，他的值班室里也张贴着"学习园地"，桌上摆放着华威的"一报两刊"，休息时间也要打开手机收听"华威播报"……

得人者昌，用人者兴，育人者远。华威保安集团从诞生时起，培训、教育、学习就相伴而行，30 年来与时俱进，培训中心、保安学校、联合办学、商学院、东方儒商文化院、"一报两刊"、华威学堂、职工书屋，线上线下，林林总总。华威人无时不在学习，无时不在学习的路上。

榜样的力量是无穷的。2009 年，61 岁的董事长苟金庆攻读上海交大 MBA，对华威人影响深远，"终身学习"成为众多华威人的自觉行为。在持续不断的学习中，挖掘自身潜力，增强创新能力，提升专业素养，"积能量、长智慧、赋能力、促创新"，提升集团整体运作的"团队智慧"和员工自身专业技能，以不断提高的专业知识技能为客户提供更好、更优质的保安服务。

要提升管理人员的素质，必须从教育入手。2010 年，华威聘请知名经济学家陈湛匀教授担任首席经济顾问。苟金庆说，陈湛匀教授是我的老师，我在读 MBA 时与陈教授结缘。十多年来，陈教授一直陪伴着华威，持续不断地指导并参与华威发展战略的制定及中高层管理人员的教育培训。

华威是一家保安服务公司，但很多时候给人的感觉更像一家文化公司。2000 年，创办《曲阜保安报》，之后《华威保安报》《华威文苑》《东方儒商》陆续创刊。2018 年 7 月印发《华威文化手册》，建成华威博物馆，出版《华威保安志》……

"华威保安是在齐鲁大地诞生的，是根植于孔子故里的一家公司，企业文化基因当中有儒家文化的血脉；保安行业表面看似尚'武'，实则崇'文'，以文统武，才是提升团队素养、为客户提供高质量保安服务的根本所在。"知名企业文化咨询专家、碧虚网总编辑邢小兰女士在对华威保安集团深度调研后写下的《我所了解的荀金庆先生》一文中作了这样的表述。

以文治企，在商研儒，华威这所大学校成就了一支"有文化的军队"，为社会、为客户奉献的是有内涵、有温度、有力度的优质服务和安全保障。

企业成了大学校

曲阜保安成立服务公司之初，荀金庆就深知，保安服务是一种特殊服务，保安员素质的高低是公司生存发展的关键，只有建设培养一支纪律严明、作风优良、素质过硬的保安队伍，才能为客户提供优质的服务。公司领导班子达成共识，把培训作为公司最基础也是最重要的工作来抓，从而确立了创建"学习型企业"的战略规划，不断升级学习平台模式，组建学习型团队，打造一流的学习型企业。

成立保安学校，联办保安中专班

1993 年，第一批、第二批、第三批保安陆续进入公司，经过一个半月的高强度训练和政治思想学习后上岗工作。1994 年 4 月，公司成立一周年之际，保安培训中心挂牌成立。培训中心配备专职师资力量，制定了教学培训大纲，队员经过培训后考核合格并取得山东省公安厅统一颁发的《保安从业资格证书》，方可上岗值勤。规范的课程设置，严格的训练科目，成为新队员加入曲阜保安修身塑形的孵化器。保安培训中心的成立，使保安员招聘、培训、考核工作走上了规范化、制度化的道路。

为进一步借智借力，适应市场需求，培养高素质保安人才，苟金庆棋高一着，出其不意。经曲阜市教育局、曲阜市公安局批准同意，公司与曲阜市职业中专联合开办保安专业中专班。1994 年，招生 116 名，学制两年，毕业后全部分配到曲阜保安公司。此举开创了校企联合办学的新模式，在当年引起了很大的轰动，许多优秀青年争相报考，一时出现几十人争抢一个录取指标的局面。

1994 年 11 月 14 日，全国保安教育培训工作座谈会在曲阜召开。会议期间，与会代表到市职业中专进行参观，当步伐严整的保安学员方队以排山倒海般的气势正步走过检阅台接受与会嘉宾的检阅，当看到保安员龙腾虎跃进行擒拿技术表演时，公安部，中国保安协会，山东省、曲阜市各级领导和嘉宾都报以热烈的掌声，对学员们的表现给予由衷的赞叹。

在取得办学经验的基础上，1994 年至 1997 年，又连续招收
3 届保安中专班，学员总数达到 247 人，这些学员毕业后 80% 进
入了曲阜保安公司工作，成为基层队伍中的骨干。随着企业的发
展，经过实践的磨砺捶打，现在大部分中专班学员成为集团子公
司、分公司的总经理，为华威二次创业和跨越式发展起到了骨干
支撑作用。

1997 年 7 月，经市教体委批准，保安培训中心升格为曲阜保
安学校。为改善教学条件，公司先后投资 40 万元，购置教学设
施和训练器材，租赁林前村 20 亩土地，建设改造校舍，修建保
安训练场地。学校占地面积 15000 平方米，其中，校舍 900 平方
米，训练场地 13000 平方米，成为具有一定培训规模、教学规范
的保安培训基地。

学校从严治学，实行军事化管理，聘请了从一线岗位退下来
的 2 名老公安民警担任学校的专职教员，系统讲授政治、法律法
规、保安业知识，全面提升保安学员的政治、法律素质。选拔 6
名武警部队退伍战士担任教官，他们与保安学员同吃同住同训
练，晴天一身土，雨天一身泥，摸爬滚打，言传身教，精心育
才。在教学中，他们因人施教，严格要求，严格训练，在保安学
员中开展"比学习、比训练、比纪律"竞赛活动，极大地激发了
学员的训练热情。

为加强对学校工作的领导，时任总经理荀金庆亲自兼任学校

校长。他在繁忙的工作中悉心备课，抽出时间给学员授课。保安学员从荀金庆的谆谆教诲中，了解了我国保安业的发展历史，看到了曲阜保安事业美好的未来。学校总结了先期保安员培训的经验，制定了《保安教学管理制度》，对学习教材进行了认真准备，对学员的衣、食、住、行及学习训练都作了严格而细致的规定，办学质量稳步提高。与此同时，保安学校扩大输出服务，为公安机关培训新入职人员，为山东省水利学校等校企承担军训任务。

曲阜保安学校先后培训 17 期 1000 多名保安队员，为公司发展提供了充足的人才支撑。2004 年 4 月，公司根据发展情况，将保安学校改设为保安培训中心，作为公司下属部门，员工招收、培训、再教育工作走向常态化、制度化。

华威商学院，华威人的"黄埔军校"

为进一步加强优秀保安管理人才的选拔、培养工作，2018 年初，华威保安集团在保安培训中心的基础上组建了华威商学院。通过高端定位、立体设计、协同策划、训战结合等措施，建立相对完善的组织架构、运作模式、制度规范，形成满足企业战略发展需要的课程体系、师资体系和知识管理体系，将商学院建设成为企业文化传承分享中心、企业管理实践传播基地、员工学习发展创新平台，为集团业务发展和战略目标的实现提供强有力的智力支持和人才保障，公司员工把自己的商学院戏称为华威人的"黄埔军校"。

2018 年 4 月 27 日，华威商学院成立揭牌仪式在华威集团创立 25 周年庆典大会上隆重举行。华威商学院聘请了知名经济学家陈湛匀教授担任荣誉院长，董事长荀金庆担任院长，聘请日本国立神户大学经济学专家贾杰任常务副院长。商学院与省内相关大学达成合作意向，聘请大专院校的专家担任教授、讲师，对管理人员进行系统培训。华威商学院的成立，标志着集团人才教育培训工作迈上了一个新台阶。

为什么要创办商学院，如何去实现华威的职业规划？院长荀金庆在开学典礼上讲得一清二楚。一个企业的核心竞争力，最主要的是员工和管理骨干的个人素质，这是企业生存发展的重要保障。创办企业商学院，对员工尤其是各级骨干进行理论化、系统化、正规化教育培训，是提升公司组成人员素质的重要手段和方法，这是唯一途径，别无其他选择。如何使自己成为事业的成功者？首先，要有自己的职业规划。有了目标和方向，才不至于迷茫。其次，要实现自己的职业规划就要做到以下四点：一是要立志做一个事业者，而不是做个打工者；二是要找对一个平台，足够你施展自己的抱负；三是坚持不懈，持之以恒，不弃不离，永不反悔；四是不断去提升、提升、再提升自己的素质，努力成为华威事业的成功者，为建设幸福美好华威，实现华威 50 年乃至百年梦想作出自己的贡献。

走进华威商学院，线上直播、线下教学设备齐全，学员宿舍、餐厅整齐有序，文化展板上"仁义诚信，立己达人"的华威核心价值观，一幅幅学员们学习的激情画面，让我们切身感受到华威人真实的精神风貌。商学院分别开设初级班、中级班及高级研修班。目前，已举办初级班 6 期，中级班、高级研修班各 1 期，350 名学员通过培训考核拿到了结业证书。

2019 年 11 月 17 日至 24 日，华威商学院第一期高级研修班 35 名学员在院长荀金庆的带领下，进行了为期 7 天的日本访学之旅。在日本期间，参观松下、京瓷、大阪防范设备协会，学习松下、京瓷的经营之道和阿米巴思维，开阔了眼界，收获甚丰。

2022 年 4 月 9 日，华威商学院与上海高培商院在华威集团总部联合举办"高级管理人才培训基地"揭牌仪式暨第一期"卓越管理研修班"。上海高培商院院长庞永忠介绍了高培商院的发展建设、师资及课程安排情况。集团董事局主席荀金庆对高培商院教育平台建设、综合实力和课程设置给予充分肯定，对首期中高管研修班学员的管理、学习及考核等提出了要求和希望。荀金庆高度评价此类培训，认为对加强华威安保工作规范化、标准化、职业化建设，解决公司的"三高一低"问题具有战略意义。通过这个学习发展创新平台，可将培训成果转化运用到实际工作中，成为企业发展壮大的强力引擎。

研修班上，培训师龚一为大家分享《跨部门沟通与协作》，董博雅教授带来《向解放军学管理》，蒋小华教授主讲《卓越领导力的提升》等课程。11 月 7 日，历时 7 个月的卓越管理研修班顺利结业，42 名中高层管理人员怀揣着梦想和激情全程参与，大家认真听讲，积极互动，取得了良好的成绩，表示回到岗位后将快速将所学知识运用到工作中，为客户创造价值，为企业创造利润，为自己创造业绩，以优秀的成绩回报企业。

通过系统学习培训，中高层管理人员的综合管理能力、专业化管理素得到养明显提升，公司专业化、科学化运营管理体系得到巨大促进，公司抓管理、促发展的素质、能力空前提高，一支革命化、年轻化、专业化、知识化的高素质管理干部队伍呈现在世人面前。

趁年轻，去读 MBA

2009 年，企业成功改制，华威保安进入了二次创业的快车道。荀金庆成为华威保安公司董事长，可他的心里真的是"压力山大"。纵观漫长的社会发展史，自 1776 年瓦特发明了蒸汽机，人类就从传统的农业经济时代蹒跚进入初级工业经济时代；1821 年，法拉第发明了电动机，工业经济时代进入成熟期；1946 年，第三次工业革命爆发，阿塔纳索夫发明了第一台电子计算机，标志着信息经济时代的到来；而如今，人类基因组图谱的绘制成功，又意味着一个崭新的生物经济时代的到来。社会发展瞬息万变，可这其中的关键因素却是知识和文化。作为一个企业的领军人，如果再用传统的管理方式治理企业，他的企业怎么能在市场经济的大潮中立于不败之地？

一次华威集团领导班子成员的会议上，荀金庆提出了想去进修学习的想法。他说："当前，我们所处的是一个信息爆炸式增长的知识经济时代，我们必须到更高层次、更好的环境里去深造。市场经济的功能就是优胜劣汰。我们如果不去学习国内外的先进管理模式，进而全面提升企业管理水平，作为我们这样一个服务型的企业，肯定会被竞争激烈的市场经济现实击打得头破血流。"

这时，会议室里一片寂静。沉默片刻，同志们发言了："我们不是已经建设成为一个学习型企业了吗？我们都是在天天学习、时刻学习啊！"荀金庆说："这不一样。我们的学习，是一种一般性的学习；作为企业的高管，必须进行专门学问的学习。所以，我决定，我首先去学习，我也希望大家也要分批次去学习。"有的同志接着提出了质疑："荀总，能行吗？可您都 60 多岁了。"荀金庆听了哈哈大笑："没关系，我不老，还年轻。人家金庸 81 岁去英国剑桥大学进修，86 岁拿到博士学位；褚时健 74 岁创业，80 岁创造出'褚橙'。我就是要趁着还年轻，赶快去深造。"2009 年 10 月，荀金庆毅然报名上海交通大学 MBA，攻读工商管理硕士。这一年，他 61 岁。

山东电视台《风云鲁商》栏目组在采访荀金庆时提到一个问题："为什么想到在 60 多岁的时候，还要走进校园继续学习？"荀金庆说："学习没有年龄限制，我是这样认为的，尤其是公司改制了，下一步怎么发展，没有知识是不行的，你年龄大并不意味着你就知识丰富。如果不想被社会淘汰，只有坚持继续学习。"

在上海交大这一届 MBA 学员中，荀金庆是年龄最大的，但也是学习最认真、最刻苦的。从山东到上海来学习，从开学到毕业他一堂课也没落下。时任复旦大学 MBA 班导师的知名经济学家陈湛匀教授这样评价荀金庆："荀总这个人呢，有一句话，叫活到老，学到老，这个精神非常可嘉。他是特别认真的，每天他是第一个到教室的。他说，我这个人，活在这个社会上，不能老是想自己，我要想怎么能够为社会做些什么，怎么能够为华威做些更加有价值的事情。他经常请教一些企业发展的问题，比如说如何做强，如何做大。所以，他让我很感动。"

如何将华威做出点名堂，是荀金庆深刻思考的主要问题。他的这股子韧劲、认真劲和对知识渴求的欲望都深深打动着陈湛匀教授。陈教授给他讲了三句话，第一句话，叫"聚焦、聚焦、再聚焦"，就是做一件事情你要越聚焦越好，不要这也做，那也做。第二句话，是"专注、专注、再专注"，就是对事情要做精做专，不要今天看着这个挣钱做这个，明天看着那个挣钱做那个，最后什么事情也做不强。第三句话，那就是"GO，GO，GO"，走出去，不要拘泥于曲阜，要面向全国，走向世界。

陈湛匀教授的话，让荀金庆豁然开朗。荀金庆严谨的学习态度和孜孜不倦的学习精神也深深感动了陈湛匀教授。这以后很长的岁月里，陈湛匀教授与荀金庆就建立了一种"扯不断，解不开"的情结，他作为华威保安集团首席经济顾问参与公司战略规划的设计与实施，与荀金庆共同发起"爱心鸡蛋工程"等，为华威发展尽心尽力，都与那种情有关。这是师生情，更是同志情、事业情。

十几年过去了，荀金庆说起这段学习经历，依然感慨万分："我本来以为书读了不少，可是上了 MBA 之后，发现有不少知识盲区。读 MBA 既有挑战性，也很有趣，让我将这么多年来做企业的知识和实践作了一个系统的总结，又与先进的管理理念进行了有机结合，对集团战略规划的制定和实施提供了理论上的支持，成就了华威的今天。"

"人天生就有抗争的本性，我要抗争的是年龄，以及由年龄带来的大脑思维能力的衰退。我现在越学越觉得不够学，就如古希腊数学家、哲学家芝诺所说，人的知识好比一个圆圈，圆圈里面是已知的，圆圈外面是未知的，你知道得越多，圆圈就越大。"荀金庆说。

60 多岁的董事长走进课堂，甘当学生，虚心请教，在华威产生了广泛而又积极的影响，公司上下形成了一种"全员学习、团队学习、全过程学习、终身学习"的良好氛围。现在的华威，线下有保安培训中心、华威商学院、东方儒商文化院，还有职工书屋；线上有华威学堂，学习活动更是丰富多彩，全方位的学习平台打造出一个一流的"学习型企业"。

终身学习让荀金庆具备了对复杂形势敏锐的洞察力和果断的决策力。2020 年新冠疫情暴发之后，很多企业家和高管陷入了焦虑和迷茫，而荀金庆却很镇定，他利用在家中的这段时间，静下心来，反思这场疫情对企业的影响。

在疫情后开工的动员大会上，他明确指出："面对百年未有之变局，面对'黑天鹅'的到来，首先要有危机意识。危机永远在，今天是疫情，明天可能就是自然灾害或金融风暴，所以我们必须有足够的知识储备和应对措施。其次，要坚定必胜的信念。面对疫情，同心协力，战胜困难。疫情对有实力的企业来说，意味着行业重新洗牌，是绝佳战机。"3年过去了，新冠疫情防控的形势有所缓和，华威保安集团在这场没有硝烟的战场上取得了一个又一个胜利，验证了荀金庆的这番话。

MBA课程的学习为荀金庆的大脑充了电，为华威的发展带来了强有力的后劲。

陈湛匀教授给俺当老师

——陈湛匀教授华威培训纪实

"2010年4月的一天，我第一次有幸听陈教授讲课。当时，我刚进公司不到一个月，对什么事都懵懵懂懂，陈教授的课为我打开了一扇窗。他有一句经典的口头禅：'聚焦、聚焦、再聚焦，专注、专注、再专注'。我想，不管是一个人，还是一个企业，都不能一心二用，要抓住主要矛盾，集中精力做好当前的事。就是受到陈教授的启发，我才在华威安心干了这些年。"谈到第一次听陈湛匀教授讲课，现在已成为营销总监的姜茂伟激动地这样说。

陈湛匀是我国知名经济学家、金融学教授、博士生导师。

2010 年 5 月，他受聘担任了华威集团首席经济顾问。华威这么一家民营企业怎么能请到这样一位重量级的学者来当经济顾问呢？这还要从华威集团董事长荀金庆与陈湛匀教授的缘分说起。

2009 年 4 月，曲阜保安公司顺利完成了改制，新公司的名称改为"华威"，荀金庆心里的一块石头总算落了地，可他并没感到轻松多少，反而压力更大了。他想，公司没改制前是国企，上级也没给多大压力，只要不出事就行。改制以后，感觉和以前不一样了。你让员工入股了，企业的经营好坏直接关系股东的利益问题。这时候，究竟应该怎么干？他感到迷茫和困惑。

想来想去，唯一的办法就是学习，充实自己的头脑。2009 年 9 月，荀金庆毅然报名参加了上海交通大学开办的 MBA 工商管理硕士研修班，成为班上年龄最大的学员。在班上，他结识了和蔼可亲的陈湛匀教授，成了陈教授的一名学生。听了陈教授讲的"企业经营及发展战略"，他深受启发，虽然干了十多年的企业，却对企业的经营战略了解甚微。课后，他经常请教问题，陈教授总是热情地一一解答。一来二往，他与陈教授拉近了距离，陈教授也很欣赏荀金庆的学习精神，在班上经常表扬这位老学生。随着时间的推移，他们之间的交往越来越多，师生关系也越来越深厚。不久，荀金庆向陈教授提出一个大胆的请求："可否做华威的顾问？"陈教授一时感到突兀，后来，才逐步了解到华威的真实情况。华威虽是一家县级市的民营企业，但它却是生长在孔子故里，它的根基深深地扎在儒家文化的土壤里，企业负责人是在用儒家的思想理念去深耕着自己的企业，这样的企业是有希望的。陈教授终于乐意成为华威的首席经济顾问。

打那以后，陈教授就经常来往于上海与曲阜。他在华威讲的每一堂课，教室里总是座无虚席，学员们总是激情洋溢。《中国经济趋势分析》《品牌创新与营销整合》《战略竞争力管控、品牌营销模块》《管控系统、组织战略与人力资源战略的关系》《绩效考核与反馈体系建设》《企业应走品牌扩张的路子》《华威战略与核心竞争力》……一堂堂深入浅出、生动活泼的培训课，让华威员工受益匪浅。

"专业学习是做好工作的动力和源泉。"副总裁孙勇有感而发，"陈教授的授课，以经济全球化的眼光，拓宽了华威集团的战略定位。陈教授讲的以感情管理、以章法约束，是一种有效的管理方式和方法。"

副总裁毕景桢说："陈教授作为国内知名经济学家，理论功底深厚，每一次聆听他的授课，都能感受到陈教授的敏锐目光、独到见解和前卫的观念，总是让人恍然大悟，茅塞顿开。"

行政总监刘鹏说："陈教授渊博的学识让我敬佩，每次聆听他的授课，都让我脑洞大开。通过培训，开阔了我的眼界，增强了逻辑分析能力，提高了我的行政管理能力和对行政管理规律的认识。"

每每谈起陈教授，董事长荀金庆的感激之情总是溢于言表："陈教授担任华威首席经济顾问这么多年，一直关注着华威的成长和发展，为华威倾注了不少精力和心血，华威能有今天，应该有陈教授的一份功劳。所以，我很感恩这位老师给予我本人和华威的帮助。"

十几年来，陈湛匀教授的心血没有白费，他真可算得上"桃李满华威"。华威的员工们发出肺腑之言："衷心感谢陈教授来给我们当老师！"

企业处处溢书香

"忙碌了一上午，来看会儿书，感觉很放松。"刚刚吃过午饭，华威保安集团北京分公司阳光保险项目部的保安队员们拥有了片刻闲暇，几名队员纷纷来到紧邻餐厅的"项目部图书站"，享受难得的休闲阅读时光。原来，在集团工会的策划下，基层项目部开展了"儒润华威，快乐阅读"的读书活动，组织热爱阅读的保安员工挑选喜欢的书籍进行阅读，交流读书心得。

2021年，集团建成"职工书屋"，面向集团员工开放。"职工书屋"建筑面积200平方米，华威工会购置图书，广大员工纷纷捐赠图书，现已达到5000余册，涉及文史哲、政治、经济、法律、科技等多方面内容。书屋拥有藏书阅读和学习沙龙两个功能区。有的员工利用业余时间，在这里短暂休憩，为自己"充电"；有的将自己喜爱的图书借阅带走，在家里阅读；有的带着家人、孩子，一同到书屋享受阅读的快乐。集团以"书香企业"

建设为契机，结合"幸福华威"创建活动，在国内 20 多个分公司下属的项目部中建设"幸福职工小家"60 个，每个项目部的"幸福职工小家"配备图书 200 册至 300 册，成为流动的"图书站"，极大地满足了员工的精神需求。

"我们一直在组织丰富多彩的读书活动，就是希望更多员工能加入阅读的行列中来，享受书香的美好。"集团工会主席孙凡华介绍说。

为了更好地引导广大员工养成好读书、读好书的良好习惯，积极打造学习型企业，在 2017 年，集团建设了线上"华威学堂"，至 2022 年 1 月，"华威学堂"共推送 121 期、260 篇相关学习内容。集团加大投入，建立读书载体和平台，推送电子图书 20 余万册，供职工免费共享。电子图书支持在线阅读、离线阅读、"带走"阅读、下载阅读，将员工读书与"互联网 +"深度融合，广大员工可以不受场地、时间限制，用最便捷的方式博览群书，让阅读变得更加时尚。

集团征订多种主流报纸，有党报也有商报，有日报也有晚报，还征订了各类期刊、图书，涵盖政治、经济、教育、文体等诸多领域。不管职工爱好有多广泛，在这里，总会有一份期刊、图书、报纸适合你。在享受阅读的同时，员工还可以参加由集团不定期组织的多类读书活动，有线上朗读大赛、趣味答题、读书榜排行、工会荐书、先模荐书、党员荐书、青年骨干员工荐书等多种活动，让广大员工以各种新鲜的体验方式参与读书活动。

孙凡华介绍说："我们集团建立了文化学会，企业文化中心建立了学会群，60多名热爱文化和写作的员工积极加入学会成为会员，定期参与一系列的读书、创作活动。我们组织各类主题征文活动，目前已经征稿20多篇，计划2023年集团成立30周年之际结集出版……丰富多彩的读书活动，让越来越多的员工爱上了阅读，共同打造书香企业成为越来越多员工的共识！"

子曰："三人行，必有我师焉。择其善者而从之，其不善者而改之。""仁者安仁，知者利仁。""己欲立而立人，己欲达而达人。""弟子规，圣人训。首孝悌，次谨信。"清晨7点，曲阜孔庙正南门就传来阵阵清脆的朗读声，这是集团"三孔"景区项目部全体安检员每天晨会前的必修课。项目部组织员工集体背诵《论语》，要求每个人都要会背诵《论语》《弟子规》名句，加深队员对孝敬父母、爱岗敬业与善待他人等儒家传统文化的理解和体会，提升员工素质，全力服务游客。

"书香企业"建设的另一个重要作用还在于文化的传承。华威保安是一支从孔子家乡、东方"圣城"曲阜"走出来"的保安队伍，扎根传统文化的沃土，深受儒家文化的熏陶，做事讲诚信，做人讲仁义。"仁义诚信，立己达人"高度概括了企业的文化内涵，是华威的核心价值观。正因为如此，华威非常重视传统文化的教育。不仅在曲阜，集团要求在所有一线员工中开展传统文化诵读活动，利用晨会和参加活动的机会背诵《论语》《弟子规》，让传统文化的精髓入脑入心，并体现在对客户的服务中。华威的保安队员能够熟练背诵传统典籍，彬彬有礼，诚信待人，已经成为华威书香文化品牌创建和文化传承的一道亮丽风景线。

2021 年 11 月 18 日，华威多媒体中心揭牌暨直播间开播仪式在集团总部大厅隆重举行。华威投资 20 余万元建设"华威多媒体中心"，创办"华威播报"栏目，满足新闻、互动、互联、访谈等多种节目的需求，成为发布文字、音频、视频、网络图文、直播等内容的信息枢纽。与之相匹配的直播演播系统具备极高的灵活性，融合了通信和 IT 等全媒体技术，集多信源采集、多媒体互动、多平台传输分发等功能于一体，打造出一个全新的华威全媒体直播平台，满足了华威品牌的营销创新需求，使企业的社会形象、美誉度、知名度和品牌影响力持续提升。

创办学习形式多样化、全覆盖的企业是华威文化教育建设的一大特点。华威学堂、多媒体中心、网站、公众号，实现线上融合打造品牌。广大员工无论身在何处，都可以通过自媒体学习交流，为员工成长成才搭建起广阔平台。儒润华威，快乐阅读，处处书香。员工们心情愉悦，精神振奋，他们正以不竭的动力朝着幸福华威、百年华威的宏伟目标迅跑。

华威办起"一报两刊"

为全方位宣传报道曲阜保安形象，展现保安风采，交流工作经验，弘扬主旋律，推动保安事业持续健康发展，建设一支高素质的保安队伍，给曲阜保安提供一个文学创作园地和精神家园，经过精心策划，2000年1月，《曲阜保安报》在第一缕春光中诞生了。这是山东省保安系统首家企业报。

在总经理荀金庆的直接指导下，经过历任主编李晓虎、仙文等的精心编辑，《曲阜保安报》这份四开小报成了公司领导指导工作的"载体"，党和国家大政方针的宣传阵地，保安队员的良师益友，联系客户的桥梁和纽带，为宣传曲阜保安良好形象，弘扬企业精神发挥了重要作用。2009年公司改制后，这份报纸更名为《华威保安报》。截至目前，报纸已经办了264期。该报创刊初期为单色黑白小报，2012年6月改为铜版纸彩色印刷，四开四版，每月一期。

2000年9月25日，中国保安协会秘书长戴思鸿到华威公司视察，仔细阅读了这份报纸，称赞："小报办出了自己的特色，办得好！"

随着公司的发展壮大，文化创新、文化传承成为公司文化建设的主旋律。把报纸办成一个互相交流学习的园地、发表研究成果的媒体、展示古今儒商风采的平台、传播优秀儒商文化的高地，成为华威的办报宗旨。为深度展现华威事业发展的文化魅力，华威在2013年创办《华威文苑》期刊，2018年编辑出版《东方儒商》杂志。华威的"一报两刊"成为公司的主流文化传播平台和舆论宣传阵地。

《华威保安报》《华威文苑》《东方儒商》，在华威集团创业的风雨历程中诞生，伴随华威的发展壮大而成长。在华威集团这个大家庭里，"一报两刊"成为这个企业的一种无形的力量，在华威企业文化建设中发挥了重要作用。

在报刊编辑过程中，编创人员解放思想，大胆创新，坚持贴近基层、贴近员工、贴近生活的"三贴近"原则，在推广典型经验、弘扬新风正气，传播信息、传播知识等方面作了积极的探索。先后开设"政文专栏""基层声音""员工之家""员工文学""警示钟""活动专栏""高端访谈""服务之窗"等20多个栏目；组织策划了"华威25周年征文""华威·翱翔深蓝的大鹏海外论坛""集团成立暨爱心鸡蛋5周年华威之夜""华威服务奥运会、世博会、央视春晚"等大型专题报道；结合华威开展的"三讲两学""三化建设年""企业文化年""幸福华威年""修身悟道，提升自我"等活动在报纸开辟专栏，让员工学习国学和现代管理知识，提高自身素质，促进服务水平的提高。

针对华威发展实际，紧紧围绕华威经营管理及文化建设"转型升级"战略，报刊坚持突出基层员工，努力挖掘员工中的典型人物、典型经验，激励他们奋发向上，推出的"讲述""寻找身边的你""员工风采""话说华威人"等栏目，都是以一线员工为主。保安员的关注点在哪里？就是自己身边的人和事。

华威媒体部门不定期派出记者到华威各子公司、分公司进行采访，以奋战在保安服务的一线员工队伍为对象，挖掘队伍先进的管理经验、以情带兵的做法、优质服务的闪光点，队员不畏强暴、舍己救人、拾金不昧的先进事迹。编辑部广泛收集如何办好内部刊物的意见和建议，把群众的诉求及时反馈给领导层，对于公司解决问题、加强团结、促进和谐发挥实质性媒介作用。根据统计，华威纸媒现已刊发各类新闻稿件、理论文章、好人好事、员工专题达到10000多篇。华威的"一报两刊"，内容深入人心，员工及客户爱不释手、开卷有益，这对促进华威的经营、管理、创新等各项工作发挥了重要作用。

伴随华威30年的发展历程，华威"一报两刊"担负了对外宣传华威正能量、对内提高员工素质的重任，成为整合企业内外部资源，增强企业凝聚力与向心力的基本途径，它们是提高员工忠诚度、加强团队协作的平台，是强化企业文化建设、提高企业美誉度的有效工具，是企业自我教育，建立学习型组织的阵地。随着企业的发展，公司报刊发行量也逐年递增，从创办初期的每月几百份，区域仅限于曲阜市，达到了现在的每月3000多份，覆盖华威旗下30多个子公司、分公司，600多家客户单位及集团职能部门。2017年，《华威保安报》荣获"山东省十佳企业报刊"称号。《华威文苑》杂志被《中国保安》杂志评为优秀刊物，它的数十篇文章被各级媒体转载。

在互联网飞速发展的今天，华威纸媒也面临着严峻的挑战。相对于新媒体传播迅捷的优势，纸媒的优势来自独家判断和深度分析。在报道新闻事实的基础上，华威的编辑们努力把更多的判断和态度凸显出来。2013 年,《华威报》刊登了一篇题为《队长的"歉意"》的新闻特写,再现了基层管理者对一名员工误解的"致歉",文字较短,只有三四百字,但编辑在后面加了述评,对此事的意义进行了分析论述,做到了既有新闻事实,又有观点态度,这就引起了读者的强烈共鸣。

网络时代,"参与交流"对于新闻受众来说吸引力很强。华威纸媒在满足员工互动交流要求的活动设计和栏目设计上下功夫,开办了"编读往来""主题征文"和讨论等,以此搭建起编辑与员工互动的平台,使之真正成为贴近员工的企业文化载体。

现代企业发展和企业文化建设的新形势赋予了企业报刊更重要的责任。华威在推进传统纸媒向新媒体转型的过程中,将更加注重企业报刊这一文化平台不可或缺的作用,他们定会更新观念,创新方法,将"一报两刊"办得更好。

华威处处有精彩

不羁于云至兮,洒脱于风雪间。华威 30 年,路也漫漫,步也翩翩。可她步步有故事,处处有精彩。

华威博物馆

2019 年 11 月 15 日,正值中华人民共和国成立 70 周年、华威保安创建 26 周年之际,华威博物馆正式建成开馆。"华威博物馆是公司步入新时代的新文化成果,是华威儒道兴业、文化落地的重要工程，是华威保安品牌软实力的重要体现。"董事长苟金庆动情地说。

华威博物馆于 2019 年 10 月建成，展览面积近 400 平方米，图片及实物 500 余件。馆内布展分为"创业之初""发展历程""开启新征程"三大主题。内容包括，《华威从这里启航》《大事记》《历史沿革和公司治理》《二次创业》《党建》《儒道筑基》《建设幸福华威》《实现百年梦想》等。通过大量的文字、图片、视频及实物的展示与陈列，将华威发展历程中一幕幕鲜活的精彩故事生动地呈现出来，让员工受到教育和鼓舞。

在华威博物馆建设过程中，董事长苟金庆亲自参与设计施工，陪着设计施工人员加班加点。他饱含深情，亲自为博物馆撰写序言。他的想法就是把华威艰苦奋斗、栉风沐雨的昨天，把创新创业、成功辉煌的今天，把筑梦笃志、砥砺前行的明天清晰地展现给今人，留给后人，让人们不忘过去，继往开来。结合华威博物馆的建成，集团将博物馆进行了 VR 的全景合成，广大员工通过手机，在线上就可以参观华威博物馆，并且可以随时点击想要观看的内容，员工关注的文字、图片、影视、实物等内容都以清晰的画面展现在面前，如同身临其境。

华威博物馆的建成，让华威员工回顾与总结这段历史，了解公司过去创业的艰难，继承和发扬华威人艰苦创业、奋发向上的精神，践行华威"仁义诚信，立己达人"核心价值观，传承华威优秀的企业文化，激励后人将这些珍贵的精神遗产一代一代传下去，对华威基业长青具有深远的意义。

华威博物馆，让华威人有了精神归宿。

华威保安志

古人说，"以铜为镜，可以正衣冠；以史为镜，可以知兴替；以人为镜，可以明得失"，"治天下者以史为鉴，治郡国者以志为鉴"。两年多的时间，华威保安志编纂委员会不懈努力，前期筹备组稿、中期梳理分类、后期精心打磨，《华威保安志》于2021年12月由黄海数字出版社出版发行，成为集团公司的一件文化盛事。

志书详细记录了华威保安集团从白手起家到不断壮大、从岌岌可危到成功改制、从一棵幼苗长成参天大树的发展历程，描述了集团从曲阜到山东各地市、到全国"一体两翼"、再到海外合作共赢市场布局和战略定位，这部全面记载华威历史的鸿篇巨制，标志着华威文化又登上了一座高峰。

编著《华威保安志》，是华威保安集团创始人董事长荀金庆提出来的。为了全面、真实地记录反映公司发展历程，让广大员工铭记历史、共向未来，2019年4月，华威集团决定编写《华威保安志》，然后成立专门编委会，开始着手编纂。

荀金庆对公司志编纂工作十分重视，数十次召开相关人员调度会、座谈会和文稿研讨会，听取志书编纂情况，时刻关心志书编纂进度，提出修改意见和建议。在志书后期审稿过程中，他和副主编丁志朋一起，利用周末和"五一""十一"假期的休息时间，在投影仪上逐字逐句修订志书文稿。志书成稿后，还亲自为志书写序、作概述、题写书名。

主编米永友年逾古稀，身患疾病，出院的时候，医生嘱咐每周要到医院做 3 次透析。在这种情况下，他依然拖着病躯坚持录入稿子，收集和整理资料。由于公司 2000 年才开始配备电脑，里面的资料染上病毒，2005 年以前的文字资料很多调不出来，需要重新输入，工作量非常大。经过两年多艰苦的工作，米永友完成了 60 多万字的初稿，筛选出 400 多幅照片备用。

志书编写以来，得到了社会各界的热忱支持和细心指导，曲阜市志书编纂专门人员参与改稿、编审工作，为志书编辑出版付出艰辛的劳动。"人心齐，泰山移"。编纂委员会高度重视，编辑团队统一认识、同心协力，曲阜市党史研究中心精心指导，一部系统的、装帧精美的《华威保安志》展现在世人面前。

《华威保安志》分为"上编"和"下编"两个部分，涵盖集团 25 年发展史。"上编"为曲阜市保安服务公司阶段，时间段为 1993 年至 2008 年，共计 8 章 21 节；"下编"为山东华威保安集团股份有限公司阶段，时间段为 2009 年至 2018 年，共计 11 章 29 节。两个编目合计 19 章 50 节。"上编"前有凡例、序言、概述、前彩、大事记等内容，"下编"后有文献、后记。

该志书图文并茂，资料翔实、准确，内容丰富多彩。这部企业志跨度 25 年，既可以让华威和世人通晓华威的艰苦创业史，又可以让华威的后人将华威的创业精神、创业梦想代代相传。董事长荀金庆在编纂志书的过程中多次提到，志书的出版可以让全体员工，特别是新员工了解华威集团是如何艰难起步、如何摸索前行、如何完善管理、如何重组改制、如何二次创业、如何开拓国内国际市场的企业历史，知道集团的发展壮大来之不易，了解集团的来龙去脉。

学史明志。《华威保安志》在华威集团的历史上会留下浓墨重彩的一笔。

巨大的文化凝聚力

一路攀爬，欣赏的是途中的风景；登临绝顶，方可"一览众山小"。一直在攀爬，可我们的动力源泉在哪里？

这是华威管理者们长期思考的问题。文化赋能则是他们寻找到的答案。没有文化的企业是盲目的、迷惘的、缺少长远目标的，有文化的企业是文明的、进取的、有积极开拓创新精神的。不管从执行力、经营力还是员工自觉、自律方面，文化扮演着至关重要的角色。在这种思想理念的指导下，华威保安集团出资发起，曲阜市主管单位正式批准注册成立的社团法人机构"曲阜东方儒商文化院"应运而生，成为华威保安集团企业文化管理模式创新的新举措。

2018年9月8日上午，曲阜东方儒商文化院启动暨"儒商大讲堂"开讲仪式在华威保安集团总部隆重举行。曲阜市委统战部、市总工会、民政局、文广新局、工商联等有关部门的领导，曲阜知名企业家代表，山东电视台、齐鲁网、《齐鲁晚报》、圣城网、曲阜电视台等 10 余家新闻媒体，华威保安集团部分中高层管理骨干、员工近 300 人参加了启动仪式。

曲阜东方儒商文化院由华威保安集团董事长、总裁荀金庆担任理事长，聘请中国孔子基金会文化大使、知名学者、教授徐国静为院长，孔子研究院原党委副书记曹方俊担任名誉院长。"儒商大讲堂"首场讲座，由徐国静院长主讲，与大家分享了《儒商的智慧》。

荀金庆理事长在致辞中说，儒商文化院是为研究儒商文化而搭建的一个交流平台，其宗旨是通过这个平台，开展以弘扬儒商文化和传承儒商精神为目的的学习、交流、研讨及教育培训活动，从而提升广大企业员工的职业道德观念和诚信意识，与重利轻义、见利忘义等违背商业道德的行为作斗争，形成优良的商业道德环境，维护良好的市场秩序。他指出，当毒奶粉、假疫苗等造假售假事件频发，有些企业为了赚钱而触碰道德底线时，我们从哪里寻找解救的办法，那就应当从诞生于两千五百多年前的儒家文化中汲取智慧。愿儒商文化院能为弘扬中华儒商精神尽微薄之力！

东方儒商文化院创办以来，致力于研发儒商之道，聘请行业内顶级专家、学者进行研讨并设置相应课程，招收优秀企业家学员开设高级研修班。董事长荀金庆表示："复兴传统文化，人人有责。尤其是当代企业家肩负新时代责任与使命，如何把传统文化融合到企业管理之中，'以史为镜'，运用古人智慧，学习儒学商道，做儒商，谋发展，创未来，是我们需要思考的问题。"

2018 年 9 月 7 日，曲阜东方儒商文化院主办、山东华威保安集团承办、山东省企业文化学会支持的首届东方儒商论坛在圣地曲阜拉开帷幕。本届论坛的主题是"新时代·新儒商·新发展"。现场约 200 名嘉宾共同围绕新时代背景下"儒商"定义的新标准、精神新内涵、肩负的新使命等方面进行探讨。大家共同见证曲阜东方儒商文化院即将开启的新使命、新篇章。

本次论坛为期两天，山东社会科学院院长、山东省企业文化学会会长张述存，孔子研究院院长、博士生导师杨朝明，中国孔子基金会文化大使、东方儒商文化院院长徐国静，山东华威保安集团董事长荀金庆以及来自海外的企业家代表等嘉宾，分别进行了"儒商精神与新时代儒商""传统工商伦理的儒学底色""儒商的智慧""践行并传承儒商精神是当代企业家的使命"等主题演讲，为大家带来一场智慧碰撞的盛宴。

各位专家、学者将国学经典、圣贤思想、儒商内涵等中华传统文化内容诠释得通俗易懂，深入浅出。幽默风趣的语言，充满智慧的表述，使得会场内掌声雷动。大家表示，中国的传统文化、圣贤思想并非生涩难懂，而是醍醐灌顶的人生智慧。

论坛期间，与会嘉宾参观了以儒家文化为代表的优秀企业山东华威保安集团，欣赏由华威员工带来的《论语》诵读。华威员工感慨地说，华威在 20 多年的发展进程中，坚持儒道兴业，将儒家思想融入企业血液，奠定了华威稳健长久发展的坚实基础。

论坛期间，山东省企业文化学会济宁理事会揭牌仪式在山东华威保安集团隆重举行。山东省企业文化学会常务副会长朱文秋宣读了《关于成立山东省企业文化学会济宁理事会的批复》并致辞，张述存、荀金庆共同为济宁理事会揭牌。济宁理事会是山东省企业文化学会的下属办事机构，由华威保安集团具体筹备，宗旨是利用济宁地区特有的儒家文化发源地优势和资源，搭建省学会与济宁企业及社会各界交流互动的平台，促进提升济宁企业文化建设水平。荀金庆当选第一届济宁理事会理事长。

论坛期间还举行了一系列特别活动。在曲阜孔庙大成殿举行祭拜先师孔子大典，赴中国传统文化精神高地、孔子出生地尼山感受儒风儒润。我们相信，首届东方儒商论坛的举办，不仅是一场传统文化的精神盛宴，更是儒商文化院持续发力，深耕国学文化的再一次扬帆起航。

为提升儒商文化院文化品位及内涵，2018 年 10 月 26 日上午，曲阜书画界众多大家齐聚山东华威保安集团，分享曲阜东方儒商书画院的揭牌成立。华威保安集团董事长、东方儒商文化院理事长荀金庆，曲阜书画名家蒋开征共同为书画院揭牌。书画院聘请画家王心安为院长，聘请蒋开征、韩益、孔繁祥为顾问。

董事长荀金庆致辞："一个企业的成功，离不开文化传承。我一直酷爱文化艺术，能够成立这样一个文化交流和学习的机构是我多年的心愿，今天成功举办书画院的揭牌仪式，看到这么多书画界的前辈和知名书画家欢聚一堂，我从心里感到特别满足和欣慰。

文化是企业之魂。曲阜作为儒家文化的发源地，有着得天独厚的条件。只有继承和发扬优秀的传统文化，才能为企业长久、稳定发展提供强有力的支撑。所以，今后在曲阜市文联各位领导、艺术家的关心支持下，让我们携起手来，共同将东方儒商书画院办好！"

曲阜东方儒商书画院由山东华威保安集团出资创办，是华威成立的东方儒商文化院内设机构。它将为社会各界、文化艺术爱好者、集团员工提供书画艺术学习、交流、展示的平台。通过开展书画艺术创作，进一步增强企业文化底蕴，打造华威品牌，为传承中国优秀传统文化作出贡献。

东方儒商书画院成立以来，相继举办了"儒润华威书画摄影展""华威保安心向党——庆祝建党 100 周年书画展""济宁市文联华威笔会"等丰富多彩的活动，出版了书画展专辑。

东方儒商文化院的成立，搭建了一个华威保安集团与社会各界进行文化交流学习、共同促进提高的平台。"儒商大讲堂"至今已举办 10 期，20 名专家学者为企业带来了先进文化理念的分享。

2022 年 10 月 28 至 30 日，东方儒商文化院高级管理研修班在深圳成功举办，各地保安业界精英齐聚鹏城，通过学习提升，助力业界精英管理工作再上新台阶。

华威的核心价值观

走入华威总部，首先映入眼帘的是办公大楼前矗立的庄严肃穆的孔子铜像，四周花团锦簇，错落有致，儒风雅韵相互交融，让人心生仰慕与敬畏。

转过铜像，其背面底座上镌刻着集团董事长苟金庆亲自撰文并书写的"孔圣之道，吾之根本；仁义诚信，立己达人；儒家文化，兴我华威；崇德修身，基业长存"的企业格言。苟金庆解释说："儒道兴业，只有顺应道的法则，依道而行，华威之路才会越走越远，华威事业才会永葆基业长青。仁义诚信，立己达人，是华威的核心价值观，是华威人的灵魂。"

华威保安自1993年成立以来，历经30年的艰苦创业，从一家县级小公司发展壮大到拥有人防服务、技防服务、犬防服务、消防服务、通用航空、国际安保及贸易等核心产业的大型综合性安保集团，成为国内同行业的领军企业。尤其是从2009年企业改制以后，公司实施"走出去"的发展战略，抢占先机，迅速扩张，获得行业率先改制的红利，从2009年营业收入的4400多万元提升到2021年的4.7亿元，12年增长了十多倍；员工队伍规模从1000多人发展至近万人；业务区域拓展至山东省全域以及北京、上海、天津、江苏、湖北、海南、四川等地，集团分公司、子公司遍及全国，达到30多家。

　　总结华威保安的成功经验，荀金庆董事长在华威保安创立 25 周年庆典讲话中作了精辟、准确的总结："华威之所以能走到今天，最主要的是儒家文化的熏陶和浸润。华威出生在儒家文化的发源地曲阜，长期受到孔老夫子'仁、义、礼、智、信'等儒家思想的教育。可以说，儒家文化孕育了华威，成就了华威。我们确立的'仁义诚信，立己达人'的核心价值观，是华威的精神支柱和灵魂，也是华威最宝贵的精神财富，华威人要一代一代永远继承和发扬下去。"

　　华威保安诞生于曲阜，上至领导、下到普通员工都深深受到了孔子思想的影响，讲究"仁、义、礼、智、信"，儒家思想融入员工的言行举止。华威的根在曲阜，从儒家思想中汲取营养。制定战略规划，建设企业文化，不断助推企业创新升级，跨越发展。历经 30 年的磨砺，华威集团将传统文化进行创新性转化，融汇到企业理念和价值观中，形成了以儒家思想为核心的企业文化，华威品牌的知名度和美誉度闻名中外。

　　华威在上海、北京、海南等省外市场的业务拓展过程中，独具儒家文化特色的企业品牌认知让其占尽先机。上海申城物业是上海地产集团下属的大型物业公司，2007 年开始与华威合作，15 年来，相互认同，相互支持，合作的范围、区域越来越广，合作也越来越融洽。申城有了新项目，第一时间想到的就是华威；华威无论是否能够中标，都会认真论证，作出科学方案交给申城。这是华威客户关系的一例，也是华威在上海站稳脚跟成长壮大的缩影。

2021 年 11 月 25 日，我们在上海采访申城物业孙膑总经理，她直截了当地说："山东人，特别是孔子故里人，做人讲诚信，诚实能干，让人放心。"上海兴桥盛物业黄克星书记评价上海华威公司的负责人："他们接地气，非常容易沟通，平时不经意间的交流，都互相受益。无形的服务才是服务的最高境界。"这或许就是"仁义诚信，立己达人"核心价值观的含义吧！

华威核心价值观及文化理念是华威人在实践中不断认识、总结，经过实践检验的精神成果与财富。儒家文化中"富贵不能淫，贫贱不能移，威武不能屈"的人格精神已浸入华威人的血液中。他们敢于担当，诚实守信，立己达人，自强不息，奋发进取，经历了凤凰涅槃，创造了一次次奇迹，成就了今天走向世界的山东华威保安集团。

华威 30 年的奋斗历程，历经曲折和磨难，尤其是在决定公司存亡的紧要关头，成功改制，它不仅是一个敢吃"螃蟹"的公司，而且在行业内也是最早实现跨区域经营的公司。2003 年，公司实现了跨区域发展，相继走出曲阜，开发日照、上海市场。公司改制以后，以敢为人先、开拓进取的精神，制定了《"一三五"发展规划》，确立了"一体两翼"市场布局，实施"走出去"发展战略。2010 年，华威开始走向海外发展的探索之路，先后在南非、俄罗斯设立分支机构。30 年的发展，30 年的砥砺前行，华威走出了一条独具特色的成功之路。

30 年来，华威在企业内部治理上，坚持以德治企的思想理念，注重以儒家传统文化去教化、培育员工，提高员工的道德情操。华威确立的企业精神就是"崇德、敬业、开拓、创新"，坚持以人为本，培养员工崇尚道德、敬业爱岗的精神。注重用儒家礼治思想规范员工行为，持续不断地加强公司的立规工作，不断完善内部规章制度，做到以规管理，按章办事。

2017 年 8 月 4 日，集团公司制定了《关于企业文化建设重构的实施方案》，确立了企业核心价值观及经营理念，重构了员工行为规范体系，制定了新的企业文化建设规划纲要。同年，开办了"华威学堂"，利用微信公众平台将有关品德修养、职业道德、保安业务、法律法规等学习内容，发送给全体员工，让广大员工利用业余时间进行学习、讨论和交流。

让我们一起走进"华威学堂"，品读华威核心价值观及文化理念的深厚内涵和现实意义，感悟华威的博大胸怀和鸿鹄之志吧！

华威核心价值观：仁义诚信，立己达人。华威人怀抱着一颗仁爱之心，爱自己，爱他人，爱美好的一切。华威人坚持重义轻利、先义后利，将客户利益放在前面，为客户着想。华威人以诚取信，真诚守信，尽职尽责，不倦不怠。华威人懂得要想立自己，也要立他人；要想使自己成功，也要让别人成功。自我价值要通过服务他人、给他人带来价值而实现。设身处地为他人着想，为他人带来价值，才能实现自身的价值。

华威企业愿景：打造民族品牌，创建幸福华威。华威人不断努力，把华威集团打造成一个具有跨国服务能力和国际知名度的保安集团，让"华威"这个具有浓郁中国色彩的品牌在全球保安行业的大舞台上彰显出特有的魅力，展示出中华民族的风采。不懈追求，不断完善，把华威集团打造成一个让员工安居乐业、精神上有归属感的幸福家园。

华威企业使命：为客户创造平安，为员工谋求幸福。华威是保安服务企业，为客户创造平安，是自我价值的体现，有华威在，平安就在，祥和就在。做好公司治理，让员工感受到来自公司的关怀，在工作待遇、精神上给予员工应有的关心和体贴，不断提升员工的幸福指数，增强员工的幸福感和自豪感。

华威企业精神：崇德，敬业，开拓，创新。崇尚道德，以德兴业是华威人取得成功的法宝。华威人深受儒家伦理思想的熏陶，具有良好的职业操守，是一支让客户信得过、靠得住的队伍。华威人视保安服务为自己的天职，以实际行动赢得客户和社会的尊重；敢为行业之先，不断开疆拓土，创造了行业的诸多第一；不断创新，适应不断变化的内外部环境，使公司基业长青。

华威经营理念：至诚至善，先义后利，专业专注，合作共赢。以至诚至善的态度对待每一个客户，做好每一项工作，处理好每一件事情。在处理利义关系时，奉行先义后利的原则。把客户的利当作自己的义，在保护客户利益时，一身正气，奋勇当先。专注、专注、再专注，聚焦、聚焦、再聚焦，把保安服务事业做专、做深、做大、做强、做久。每一位华威人，干一行，爱一行，专一行，精益求精，使自己成为这个岗位乃至这个领域的行家里手，在岗位上成才，在岗位上实现自我价值。处理好同行、供应商、客户之间的竞合关系，在竞争中合作，在合作中获利，创造出供需共赢的经营之道。

一个企业，一旦形成大家认可的价值观念，使之成为每个人的信仰，就会创造出惊人的向心力和战斗力，这种文化的力量可以超越任何管理的效果。华威核心价值观决定着企业的文化理念，指引着华威前进的目标和方向。

第六章

荀金庆文萃

小　序

　　谈到"华威儒商智慧"，实际上就是华威集团的决策者们如何将儒家思想运用于企业治理全过程，而集团决策者们的企业治理理念又更多地取决于最终决策者的理念。为了更具体、更细微地了解华威集团的儒商智慧，在这里，撷取华威集团主要负责人荀金庆的几篇文章，以供诸位探微知著。

改制，让曲阜保安获得重生

2009 年 4 月 1 日，对曲阜保安公司来说，是一个值得纪念的日子。山东华威保安服务有限公司正式在曲阜登记注册，这标志着一个民营股份制保安公司在这里诞生。国企保安改为民营股份有限公司，这在全国也十分前卫。

回顾曲阜保安公司的改制之路，其中的甘苦让我感慨万分。虽然经历了不少波折，但改制后山东华威呈现出的勃勃生机却让我深感庆幸和自豪。

潜在危机

曲阜保安公司于 1993 年 4 月成立，我手持一纸任命，就到公司就任了。满怀着对保安事业的热爱和执着，白手起家艰苦创业，挺过了一个又一个难关，这个公司一步一步地发展壮大起来。截至改制前的 2008 年底，公司资产 1000 余万元，员工近千人，年营业收入 3000 余万元，我们的业绩在山东省县级保安公司中名列前茅。2003 年，曲阜保安公司被评为"首届全省十佳保安公司"。

就在公司蒸蒸日上的时候，一场潜在的危机也悄悄逼近。2005 年，驾校实行社会化办学，成了热门行业，企业、个人也可以开办驾校。为了走多元化发展道路，在征得曲阜市公安局同意后，公司决定投资开办一家驾校。按我们原本的测算，投资不过四五百万元就能将驾校建起来，有两三年就能收回投资。但是，山东省规定，所有新建驾校必须按一类驾校建设。因此，要投资1000万元才能把驾校建起来，资金就成了最大的难题。这时，公司已经投入四五百万元，土地已经征完，教学楼建设已经开工，停建就意味着前功尽弃。如果继续建，就需再筹集四五百万元资金。开弓哪有回头箭！经过员工集资，驾校虽然是建起来了，公司却因此背上了沉重的债务包袱。曲阜整体消费水平低，培训收费低，投入产出出现逆差，曲阜保安驾校在经营中明显感受到市场竞争的压力。千万元投资几乎没有收回，职工集资眼看到期，公司无力偿还，再加上受2008年国际金融危机的影响，曲阜的一些企业经营不景气，保安服务费收不上来。在这种情况下，公司资金链出了问题，直接影响员工工资的正常发放，公司经营陷入了危机。

艰难之中，经过论证和调研，我们认为，解决危机的最好办法就是改制。通过改制，利用债转股的形式将职工集资变成职工入股，这样就解决了偿还借款的问题，从而缓解债务危机；通过改制，企业有了经营自主权，可以放开发展，有利于把公司做大做强。

艰难抉择

2008年，可以说是决定曲阜市保安服务公司生死存亡的关键一年。

是年，我已经年届60岁，到了退休的年龄。曲阜保安是公安局下属单位，按规定，我到了退休年龄，可以再委派他人接管。其实，这个时候退下来对我个人来说应该是最佳的选择，但对于公司的发展肯定会有影响。因为我知道，公司如果不走改制这条道，迟早都会垮掉。这个公司是我一手创办起来的，也是在我的精心经营中逐步发展壮大起来的，现在公司遇到了困难，我不能眼看着它毁在我的手上。辞职的事情我考虑了很久，要下这个决心也是很难的，毕竟我要离开伴随我人生15年的保安事业，离开与我一起创业的朝夕相伴的同事们。但我是体制内人员，到了退休年龄，毕竟还是要退休啊。

2008年1月23日，在万分纠结中，我向曲阜市公安局党委递交了辞职书。局长接过我的辞职书，脸上表现出一片茫然。刚刚接任局长不久，这对于他确是一件棘手的难题。局长的精力主要忙于熟悉和处理全局的工作，对保安公司的真实状况还真是不太了解。他到曲阜任职后，多少也听到一些保安公司的传闻，有人对如何解决保安公司的问题也向他建言献策。有的说："也该让老荀退下来了，财也发了，名也有了，也该歇息了。"还有的人背后找局长，毛遂自荐来收拾这个"烂摊子"。

我递交辞职书没几天，局长就约我正式谈话。他首先对我十几年在保安公司作出的努力和贡献给予充分肯定。他特别强调，如从稳定大局出发，就不能急于现在退下来。他深知企业主要负责人这个位置的重要性，一是怕我退下来公司出现乱局，二是还没有合适人选能接我的班。其间，局长与我深入探讨了如何解决曲阜保安公司面临的问题和下一步如何发展的问题，我开诚布公地表明了我的观点。我说，经过多年思考，我认为，真正解决目前保安公司面临的困难和问题，唯一的办法就是改制，其他别无选择。我向他陈述了一系列问题，包括国企的弊端、保安公司存在问题的根源，以及改制能解决的问题和为企业发展前景带来的益处。我还向他透露，国家层面在研究出台保安条例，改制已是大势所趋，改与不改只是时间问题。可当下，曲阜保安公司如果不改制，将会垮掉。我深有感触地说："这个公司是我一手创办和发展起来的，我不能眼睁睁地看着这个公司再从我手上垮掉，我不当这个千古罪人！"在认真听取了我的意见后，局长也有了触动，当即表示："晚改不如早改。"他对公司改制表示了认可，随后召开专门会议进行研究，统一思想和意见，从而作出了曲阜保安改制的决定。

2008 年 4 月 17 日，曲阜市公安局向曲阜市政府上报了保安公司改制的请示。5 月 15 日，时任分管副市长召集公安、国资、劳动、保安等单位负责人参加座谈会，就保安公司改制工作进行专题研究，形成会议纪要。而后，经市长办公会研究，同意保安公司尽快改制。曲阜市政府于 2008 年 6 月 11 日下达了同意曲阜保安公司改制的批复。至此，曲阜保安公司改制的序幕正式拉开。

在促成保安公司改制的问题上，还有一个不得不提的插曲，那就是上海的中保华安公司。中保华安公司是上海一家专门投资保安企业的公司，听说曲阜保安公司有改制的意向，他们主动联系我们，有意参与曲阜保安的改制。当保安公司的改制在公安局党委形成一致意见之后，局长于 2008 年 3 月带领有关人员前去中保华安公司探讨改制和合作事宜。中保华安公司曾作为曲阜保安公司改制投资者上报曲阜市政府，尤其是中保华安总经理孔宪明（祖籍曲阜），为促成曲阜市领导下决心改制，曾经亲临曲阜，做了不少工作。虽然中保华安公司最终没有参与进来，我还是要感谢孔宪明先生给予的支持和帮助。

柳暗花明

改制的过程并非一帆风顺，可以说是一波三折，险些夭折。从 2008 年 4 月至 2009 年 4 月，前后近一年，前期的制定方案、清产核资、资产评估等进展比较顺利，市政府还专门成立了由分管副市长牵头，公安、国资、发改、劳动等单位负责人参加的改制领导班子。根据改制领导小组制定的方案，在对原曲阜保安公司进行清产核资、资产评估的基础上，依据国家及省市有关国企改制的方针和政策，提出了改制的实施方案，并正式上报市政府批准。其中，在改制方案中就是否保留部分国有股的问题上，曾有过一些分歧。我当时的意见是要求保留部分国有股份。保留国有股份的目的有二。其一，公司毕竟是曲阜市公安局一手创办起来的企业，从感情上说，保留部分国有股份也是一种回报方式。其二，有利于继续得到曲阜市政府及曲阜市公安局的支持。曲阜市公安局局长当时提出了自己的看法。他认为，如果保留国有股份，还是与市公安局脱不开干系，仍是一种连带关系，如果企业经营不好，市公安局还是要承担经济及法律责任。局长的考虑不是没有道理。当时，恰巧《保安服务管理条例》征求意见稿已正式向全国公布，条例已明确，保安要实行管办分离、政企分开的原则。因此，局长才提出要脱离就彻底脱，不留尾巴。他的意见得到了国资局领导的认可。

2008 年 11 月 21 日，改制的实施方案报到了曲阜市政府主要领导办公室。曲阜市政府主要领导经过认真思考，提出保安公司是个特殊行业，问行业上级对保安改制有什么说法，有没有什么上级指示或文件规定之类的东西。当时，《保安服务管理条例》还没有施行，国有保安的改制依据还仅仅是上级领导的一些讲话精神，也没有听说有哪一家改了。因此，曲阜市政府主要领导的顾虑也是正常的。于是，曲阜政府安排法制办了解保安改制方面的法律依据和有关政策，搜集省内外保安改制的情况。已经启动的改制工作停了下来。

眼看到 2009 年春节了，曲阜保安公司上下陷入一片消沉。在决定保安公司存亡的生死关头，曲阜市委常委、市政法委书记，市政府副市长等市领导强力支持曲阜保安改制工作，他们积极协调，强化改制的评估，为市政府主要领导的最终决策提供了有力支持。2009 年 3 月 5 日，曲阜市政府专门召开市长办公会，再一次将曲阜保安公司改制问题提交办公会讨论，取得一致意见，批准了保安公司改制的实施方案。

消息传出，公司上下一片欢腾，沉闷了许久的局面一下子活跃起来，每个员工的脸上都露出了久违的笑容。

曲阜保安公司的改制终于落下了法槌。

浴火重生

2009 年 4 月 1 日，按照曲阜市政府批准的改制实施方案有关规定和要求，在顺利进行与新公司的清产移交和协议签订后，"山东华威保安服务有限公司"在曲阜市工商局正式注册。员工出资入股 500 万元，一次性买断国有资产，新公司变为由员工持股的股份制企业。

新公司注册后，我们召开了首次全体股东大会，依照《中华人民共和国公司法》，以投票表决方式选出了第一届董事会、监事会，分别选举产生了董事长、监事会主席。我以全票当选为董事，董事会又决定由我出任董事长。

改制后的华威可以说是百废待兴。原国企体制遗留的棘手问题需要处理，新公司的管理体制和运行机制需要改革，更重要的是如何正确引导员工从国有体制的旧思想、旧观念中转变过来。

新公司做的第一件事就是清理原保安公司遗留的债务。我们将员工集资入股的 500 万元资金，除一部分上交政府外，其余的全部作为流动资金进入公司，从而缓解了经营资金短缺的问题。其中，拿出部分资金用于偿还驾校集资。由于员工工资得以及时发放，员工队伍稳定了。原来怕公司垮了，要求退集资款的员工看公司有希望了，也不再急于退回集资了。员工们说："我们是公司的股东，公司有困难，理所当然要帮助克服，集资款我们不退了。"接下来就是研究如何建立现代企业制度，完善企业运行机制，对员工进行转变观念的学习教育等。

改制，对于一个企业来说就是一场革命，犹如一个患有严重疾病的人，经过一次大的手术，使他得到了重生，曲阜保安公司也正是通过改制焕发了生机。通过改制，员工对企业的未来充满的激情一下子迸发出来，有的员工说："我们既是一名普通职工，又是公司的股东，我们才是企业真正的主人，我们不干谁干！"员工精神面貌焕然一新。

2008 年底，公司的年营业收入仅 3300 万元。到 2009 年底，改制不到一年的时间，公司营业收入就达到 4400 万元，利税也有较大幅度的增加。当年，我们不仅给员工增加了工资，而且给予股东 20% 的分红。看到了改制带来的实实在在的好处，员工们的信心更加坚定了。

2010 年 1 月 1 日，我国历史上第一部保安法规《保安服务管理条例》正式实施，这意味着我国的保安市场正式向世界开放，中国的保安业迎来了新的春天。曲阜保安公司能够在这个时候提前改制，应该说机会来之不易，我们的动作整整提前了两年。改制以后，我的压力不是轻了，而是更重了。我深知自己对于华威的分量。虽然我已做了 15 年的企业主要负责人，也积累了一些企业管理经验，但在新的形势下，如何抓住发展机遇，带领华威进行二次创业，对于我来说仍是一个新的挑战。当时，我已步入 61 岁的人生历程，按照正常的规律，应该颐养天年了，但现实不允许我退，新的事业在等着我去做。为使我的思想观念跟上时代发展的步伐，2009 年 9 月，我毅然报名参加了上海交通大学举办的工商管理硕士（MBA）班的学习。过去，我从没有接触过正规的经营管理理论知识，专家们讲授的国内外全新的经营管理理论和实践案例让我茅塞顿开，耳目一新。陈湛匀教授讲的经济管理学更使我深受启发。

华威要发展，要做大做强，必须要有自己的战略目标和发展规划。为此，我找到了陈湛匀教授，请他担任华威的首席顾问。他经过思考，答应了我的请求。2010 年 1 月，在陈湛匀教授的亲自指导及参与下，华威《"一三五"发展战略规划》正式出台。

2010 年 9 月 16 日，华威保安集团在曲阜挂牌成立，这标志着华威在向集团化、集约化、规模化发展的道路上迈出了可喜的一步。

2010 年 10 月，华威启动了海外发展战略，设立了"海外发展中心"，拉开了华威向国际化方向发展的序幕。

目前，华威的市场区域已由山东延伸至北京、上海、天津、南宁等城市，在山东及其余各地设立分公司、子公司近 20 个。

华威集团公司财务年报显示，2008 年至 2012 年，华威的营业收入达到了每两年翻一番的目标。华威 2008 年至 2012 年实现的营业收入、净利润超过曲阜保安公司 1993 年至 2008 年 15 年累计的营业收入及利润的总和。华威改制三年来，员工工资平均每年以 13.1% 的速度递增，2012 年员工平均工资为 1900.20 元，与改制前的 2008 年相比，人均增长 43.9%。员工从企业改制取得的成果中得到了实实在在的好处。员工股东共出资入股 500 万元，入股收益率每股达到 50%。

华威通过改制，不仅为曲阜市政府及曲阜市公安局甩掉了沉重的包袱，救活了一个企业，还为曲阜税收收入作出了较大贡献，华威 3 年上交的税金几乎相当于改制前 15 年的总和，曲阜市政府也从华威的改制中得到收益。

每一个人都有梦想，而一个企业同样应该有自己的梦想。华威的梦想就是不但要走向全国，还要走向世界，要把华威做成中华民族的保安品牌，将华威建成具有较大规模和实力的专业化、国际化的大型保安企业。

华威的路才刚刚开始，要想把自己描绘的美好发展蓝图变为现实，路程中还会有许多艰难曲折。尽管前面可能布满险滩和荆棘，但是，我相信，对于华威人来说，任何困苦都无法动摇和阻挡我们，我们会按照自己确定的方向和目标坚定地走下去，华威的美好愿景一定会实现。

（本文写于 2013 年 12 月）

儒道兴业

1993年4月27日，是一个令华威人难忘的日子。这一天，华威保安的前身——曲阜保安公司，在曲阜这块有着5000多年历史的位于中国东方的古老土地上诞生了。如今，她已经走过了25个年头。

25年，在历史的长河中可能是短短一瞬。但是，对于一个企业来说，应该是一个不短的历程。如果把企业比喻成一个人，从呱呱坠地长到25岁，他已经成为一个风华正茂的青年。人是有生命周期的，生老病死，这是自然规律，谁也逃避不了。我相信，企业与人一样，同样也有生命周期。世界上，存活百年的企业少之又少。而在中国，百年企业更是凤毛麟角，能数得出来的也不过"同仁堂""全聚德"之类。而日本是全世界长寿企业最多的国家。据统计，日本有150年长寿历史的企业达2万多家，可谓世界之最。

在华威创立25周年的时候，认真回顾总结一下华威的这段历史，对于今后如何规划华威的未来，实现华威50年乃至百年的梦想，具有十分重要的现实意义和深远的历史意义。

作为华威的创始人，从华威诞生起，我已陪伴她走过了25年，历经风雨沧桑和灿烂辉煌。回想起来，时间如流水，曲阜保安公司成立时，我已过不惑之年，那年，我45岁。25年后的今天，我已年届古稀。我见证了中国保安业从产生到发展、从体制内的国企到保安企业市场化的全过程。华威从创立至今25年，经历了从无到有，从小到大，风风雨雨，历经磨难的发展历程。但是，一个企业能够平安地走过 25 年，实属不易，回忆起来思绪万千。陪伴华威 25 年了，我一直在思考一个问题，是什么因素能让华威走到今天，华威最值得总结和传承的东西是什么？我认为，华威 25 年成功的秘诀主要走对了"道"。《论语》有言："君子务本，本立而道生。"什么是"道"？"道"就是一个企业用什么样的思想去治理，遵循什么规律。它是企业的安身立命之道，是兴旺发达之道。华威 25 年所遵循的是什么"道"呢？是儒道，正所谓"儒道兴业"。

每一个成功的企业，离不开一个成功的企业领袖。比如，海尔的张瑞敏，福耀玻璃工业集团的曹德旺，华为的任正非，等等。谈到华威的成功，也不可能避开我荀金庆本人。

当然，我与那些大腕相比，可谓小巫见大巫，自感渺小，但华威的成功不能不说与我有很大关系。应该说，我的一生充满了传奇。在部队 17 年，虽然有幸被选中当了飞行员，成为万里挑一的空中骄子，但我在部队并没有什么卓越的成就，发展到营职飞行教官，1982 年即停飞转业。回到曲阜后，我被安置在曲阜市公安局，做了 3 年预审股股长，又做了 9 年办公室主任。实际上，真正改变我人生道路的还是从 1993 年开始的弃警经商。

其实，当初让我创办保安公司，不是因为我有什么经验，更不是因为我有什么本事。我当时只有一个念头，既然组织需要我来干这项事业，并且我也答应了，我就要尽自己的最大努力让它

成功，别让别人看笑话。回首过去的 25 年，如果说华威的成功
与我个人所起的作用有关的话，我认为最主要的还是我这个人的
人品。人品是一个人安身立命的根本。一个人品不好的人怎么能
做好一个企业呢？我对自己一生的评价就是四个字："诚实、认
真"。如果别人也这么评价我，我也就满足了。我是土生土长的
曲阜人，出生在儒家文化的发源地，自幼受到儒家文化的熏陶。
做人诚实的品质是从我父亲那里传下来的，父亲就是全村出名的
老实人。做事认真，这是我在部队 17 年养成的习惯。我所从事
的飞行事业造就了我做事严谨认真的作风。开飞机不同于开汽车，
稍有疏忽就可能机毁人亡，来不得半点马虎。所以，诚实、认真
成就了我的人生，成就了我的事业。25 年来，我就是遵循"做人
讲诚实，做事讲认真"这两个信条，严格要求自己，也要求各级
管理者直至员工。"诚"，所以才能"成"。这是我悟出来的道理。

曲阜素有礼仪之邦、仁义之乡的美称。仁和义既有相通之
处，也有不同之意。"仁"是孔子思想的核心，"义"是孟子思
想的核心。正所谓孔子主张仁，孟子主张义。提到义，我们还会
想到《水浒传》中的梁山好汉，路见不平一声吼，该出手时就出
手。所以，在山东，出了孔子、孟子，还有颜子、荀子。荀子这
个人，可能了解他的人不多。他是个了不起的人物，被誉为"后
圣"。他的代表著述是《劝学》篇，其中有一句重要的名言，"锲
而不舍，金石可镂"。秦朝宰相李斯是他的学生，所以说，山东是
个人杰地灵的圣地。在儒家思想的经典中，孔子倡导"博学笃志、

自强不息、砥砺前行"的精神。华威正是这种精神的践行者。

华威25年的奋斗历程，可以说是历经了曲折和磨难，尤其是在决定公司存亡的紧要关头，索性最后成功改制。华威在行业内也是最早实现跨区域经营的公司。早在2003年，公司就实现了跨区域发展，相继走出曲阜，开发日照、上海市场。改制以后，公司以敢为人先、开拓进取的精神，制定了《"一三五"发展战略规划》，确立了"一体两翼"市场布局，实施"走出去"发展战略。2010年，华威开始走向海外发展的探索之路，先后在南非、俄罗斯设立分支机构。目前，华威走出了曲阜，走出了山东，走出了国门，25年所取得的成就令人瞩目。在企业内部治理上，华威坚持以德治企的思想，注重以儒家传统文化去教化、培育员工，提高员工的道德情操。华威确立了"崇德、敬业、开拓、创新"的企业精神。儒家"仁"的思想是教育人如何去学会做人，正所谓"内圣外王"。任何一个企业都离不开人，人是企业之本，成事在人，败事也在人。坚持以人为本，培养员工崇尚道德、敬业爱岗的精神是华威多年来所遵循的基本准则。尤其是近几年来，我们组织广大员工学习《论语》《弟子规》等儒家经典。2017年，我们举办了一场别开生面的学经典比赛活动，选取《论语》100句及22条军规汇集成册，发给员工学习。保安岗前学习背诵《论语》，已成为自觉行动。

在企业内部管理上，华威注重用儒家的"礼治"思想去规范员工行为。"礼"是儒家思想很重要的组成部分。孔子说，"不学礼，无以立"。一个国家的治理靠法治，一个企业的治理要靠制度去管理员工、约束员工。"礼"就是规范和约束人们行为的章法和标准。特别是近几年来，我们加强了公司的立规工作，不断完善内部规章制度，做到以规管理，按章办事。今年，我们制定了《华威基本法》，提请三届三次股东代表大会、四届三次职工代表大会通过，成为公司有史以来的第一部基本大法，其意义非常深远。

在迎来公司创立 25 周年之际，华威人将隆重庆祝这个令人难以忘怀的日子。前不久，经过华威股东大会、董事会批准，将每年的 4 月 27 日定为华威保安创立纪念日，更具有重要纪念意义。我们将开启华威新的梦想篇章，站在新的起点上，开启下一个 25 年新征程。我提出创建"幸福华威"，华威 50 年乃至百年的梦想能否变成现实？我以为，只要坚持好华威的核心价值观，以"仁义诚信，立己达人"的儒家精神去教化员工，用儒家文化去浸润员工，华威的百年梦想就一定会变成现实。2017 年 7 月 9 日，董事会为了表达华威员工对孔老夫子及儒家文化的崇敬之情，在公司大院安放了一尊孔子铜像。在铜像背面，我写下"孔圣之道，吾之根本；仁义诚信，立己达人；儒家文化，兴我华威；崇德修身，基业长存"。

儒道兴业。"道"是规律，只有顺应道的法则，依道而行，华威之路才会越走越远，华威事业才会越来越兴旺发达，永葆基业长青。

（本文写于 2018 年 4 月）

谈华威的国际化战略

一个企业的发展战略关系到企业的发展方向和目标愿景的实现。

华威改制以来所取得的发展成果，证明了华威制定并实施的各项发展战略是正确的。2010年，华威在知名经济学家、华威首席经济顾问陈湛匀教授的指导下，制定并实施了《"一三五"发展战略规划》。基于该战略规划，华威明确了自身发展的方向和目标，正能量得以凝聚与发挥，使华威在过去5年里取得了跨越式发展的辉煌业绩。

在华威《"一三五"发展战略规划》中，"走出去"发展战略是核心。回顾华威近5年的发展历程，之所以能够取得这样的区域市场覆盖规模和经营规模，正是采取了"走出去"的发展战略。试想，如果不走出去，仍然局限于曲阜本地的发展，华威不可能有今天的成就。其实，当初我们在考虑并实施"走出去"战略之际，就已经提出了华威不仅要走出曲阜，而且要走出山东，走向全国，面向世界。早在十几年前，在中国保安市场还处于区域封闭垄断的情况下，我们在突破区域垄断，开展跨区域经营方面就已经进行了大胆探索，在上海开展了跨区域经营业务，随后成立了上海分公司，在上海站稳了脚跟，积累了经验。

为探索国际化发展路径，我们于2010年率先提出海外发展战略，在北京设立了全国第一个海外安保服务中心，聘请国际保安专家蒋晓明担任高级顾问。为增长专业知识，开阔国际视野，公司先后派出多名中高管赴澳大利亚、南非，以及中国台湾、香港特区、澳门特区等地进行培训、考察、访问，获益匪浅。

近几年，华威先后与澳大利亚 MSS 保安集团、新加坡 JK 咨询控股公司、德国罗卡达公司、俄罗斯俄技集团公司及中国台湾怡和保全公司等建立了战略合作关系，不但增进了彼此的交流和友谊，而且通过它们，让我们直接看到了国际和发达地区保安行业发展的水平，从而提升了我们自身的国际交往能力。我们通过积极探索和努力，在南非成立了华威雷德保安公司，成为中国第一家走出国门开拓国际合作业务的保安公司。华威近 5 年在探索国际化发展的进程中，取得了令人瞩目的成果，大大提升了华威在国际保安界的知名度和影响力。

随着全球化浪潮的到来，世界经济已成为没有国界的全球化经济。大型跨国公司延伸至各个国家、各个领域。就世界保安服务业而言，与其他行业相比，虽然可能略显封闭，但业务早已突破国界。比如，世界保安业巨头英国 G4S 保安公司，在世界各个角落均可以看到他们的身影。G4S、西科姆也早已进入中国市场。

一个企业的目标和定位决定着它的未来。华威实施国际化战略，是实现企业目标和愿景的必然选择，也是公司发展的最高定位。华威制定的企业发展战略早已明确提出，实施品牌战略和"走出去"的发展战略，实现集团化、集约化、规模化经营，面向国内市场，开拓国际市场，创建国内国际一流保安品牌企业。我认为，华威发展战略的核心应该是积极而稳妥地开拓国际市场。通过开拓国际市场，我们可以更多地接触和了解国际保安业的发展现状和趋势，学习他人优秀的管理经验，从而提升自身的经营管理水平和能力。通过国际化战略，我们还可以提升华威在国内保安行业的竞争力和影响力，这对于加快自身发展模式转型升级具有很大推动作用。

当前，华威又面临一个重要的历史机遇期和转型过渡期。对华威来说，未来5年是个非常关键的时期。我们率先改制，虽然赢得了5年快速发展的时间和空间，但随着同行业改制步伐的加快，这一优势将不再突出，因此，我们必须对此保持清醒的认识。

就目前来说，华威的国际化战略已初显成效。南非华威雷德公司运作成功，标志着华威的国际化发展跨出了实质性的一步。近年来，大量中资企业走向海外发展，尤其是非洲，是中国企业投资的重点区域。但是，那里的治安形势严峻，经济发展环境较差，中资企业及出国务工人员的生命安全受到很大威胁。这种状况如果得不到有效改善，将会直接影响国家发展战略的实施。华威的这一探索如果成功，将会为解决这一难题提供一条可资借鉴的经验和做法。当然，这也将为华威的海外发展带来难得的机遇。

实现华威国际化发展的目标，还有很长的路程要走。因此，要靠我们自己扎扎实实的投入和努力，还需要极大的勇气和百折不挠的毅力。华威已经像一只展翅飞翔的大鹏一样飞向世界。我相信，在国际化发展战略的指引下，华威将会紧密契合国家对外发展战略，坚定信念，团结一致，百折不挠，永不懈怠，越走越远，越飞越高。华威成为具有较强实力和影响力的国际品牌的目标一定会尽早实现。

（本文写作于 2014 年 12 月）

谈华威核心价值观

就企业的核心价值观问题，我谈谈个人的认识，与大家一起商榷。

一、什么是企业核心价值观，它在企业文化建设中的地位和作用是什么

谈到企业核心价值观，过去，我们大都对这个东西比较困惑，解释起来也说不明白。我翻阅了不少资料，发现其中对企业核心价值观的问题也没有太一致的描述。那么，到底什么是企业核心价值观呢？简单地说，就是一个企业把自己认为最重要的、最有价值的思想和理念提炼出来，然后在企业广泛宣传倡导，以此作为广大员工共同信奉并遵守的理念。任何一个企业都应该有自己的核心价值观。如果一个企业没有自己的核心价值观，就等于这个企业没有自己的经营思想，没有正确的行动指南，就相当于一个人没有自己的灵魂。

我们把企业比作一个人，每一个人都应该有自己的人生观和价值观，每个人的思想和行为都是受人生观和价值观支配的。比如，一个人的人生观和价值观是极端利己主义，金钱至上，个人私利第一，那么，这样的人就会时时处处只为自己打算，就会不讲道德，不讲底线，甚至损人利己，贪赃枉法，徇私舞弊，最后走向不归之路。一个人的人生道路如何走，是受人生观和价值观主导的，这也是因果关系，有"因"就有"果"。

企业与人一样。如果一个企业不能确立正确的核心价值观，就会一切以赚钱为目的，不讲诚信，为获取利润不择手段，甚至突破道德底线，造假制假，损害消费者的健康乃至生命安全。这样的企业能长久吗？2019 年发生的一家制药疫苗生产造假事件就是一个典型的例子。他们为了多赚钱，竟然拿孩子的生命当儿戏，是可忍，孰不可忍！

在庆祝华威创立 25 周年《华威文苑》特刊上，我写了一篇文章，题目叫《儒道兴业》。在这篇文章中，我回顾了华威所走过的 25 年的发展历程，得出这样的结论：华威从无到有，从小到大，遇到了各种艰难困苦的考验和磨难，一步一步走到了今天，根本原因是我们遵循了"道"。什么是"道"？儒道互鉴，他们都认为"道"是一种规律。既然是规律，人就不可违背，违背了就会受到惩罚。那么，企业之"道"是什么？就是企业安身立命之道，企业生存发展之道。从根本上说，"道"就是企业正确的核心价值观，明确的指导思想和经营理念，共同的理想和追求。

有这么一则故事，说的是"盗亦有道"。

传说春秋时期，有一个有名的大盗，叫跖。跖的徒儿问师傅："盗亦有道吗？"跖毫不含糊地说："当然有道。"徒儿不理解，问道："难道偷人家的财物还有道？"跖回答说："世上万物皆有道。"徒儿赶紧跪下恳求师傅教他"为盗之道"。跖即阐释

"为盗之道"。他说，在我们这个行当中，凭空能猜出屋里储藏着多少财物，这就是"圣"；带头先进入屋内，就是"勇"；最后退出屋子就是"义"；酌情判断能否动手就是"智"；分赃均匀就是"仁"。"圣、勇、义、智、仁"这五种道如果不修炼好，就成不了一名大盗。

由此可见，盗贼都讲道，我们常人更应该懂道、讲道、循道。我们做企业的也更应有"道"。成功的企业必有其成功之"道"，而失败的企业定有失"道"之举。

儒商之道就是将儒家思想文化运用到企业经营管理中，成为企业员工共同认可并遵守的核心价值理念。

二、为什么把"仁义诚信，立己达人"确立为核心价值观

我们华威的企业文化建设应该说做了 20 多年了，对于企业文化的认识也经历了由不认识到逐步认识，由不自觉到逐步自觉的过程。华威之所以一步一步走向成功，最主要的还是长期受到儒家文化的影响。华威地处曲阜，受益于孔孟之教，正所谓"近水楼台先得月"。

去年，我们对公司 20 多年企业文化建设所取得的成果进行总结和提炼，对公司的核心价值观如何确立进行了充分研究和讨论，大家一致同意将"仁义诚信，立己达人"确立为华威的核心价值观。

诚实、守信是儒家思想中教育人们如何做人的最重要的精髓。"诚"，所以才"成"，这是我悟出来的道理。"诚"就是在

待人处事时一定要真心实意，不能假心假意，更不能三心二意，要信守诺言，出口信为先。试想，一个人待人处事不守诚信，阳奉阴违，虚心假意，谁还和你交往，更不会与你做生意。在商场交往中最忌讳的就是不守诚信，不履行合同。25 年来，华威的信誉度是很高的。我们从来没有发生因为不守诚信而被客户或员工投诉的问题，这是我最值得骄傲的。记得有这样一件事。

十几年前，我们一家老客户曲阜科技城，因发生门窗被盗事件将我们公司起诉。据了解，科技城被盗发生的时间比较久远，当时保安确有失职之处，但所盗财物已被保安及时查扣，上交派出所处理。此事的处理中，我们没有太大责任。以前，曲阜分公司也多次与客户沟通协商，一直未果。当我接到诉状，立即找到科技城负责人，表明了我对此事的态度，让他撤诉，我们愿承担所有损失。当时，我让他将损失情况报个价。他经过计算，向我报了 28000 元。我当场表示，鉴于我们的失责给你造成了经济损失和不良影响，我按 30000 元赔偿。他看到了我的真诚，很受感动。他说，"你这么大胸怀的老总，我佩服"，并表示马上撤诉。

25 年来，在我们与客户的交往中，守合同、重信用，是我们坚守的最主要的核心理念。在华威这个群体中，诚信已经成为大家共同遵守的铁规，没有人敢不守诚信。华威能走出曲阜，走出山东，走出国门，靠的也是这一条。华威是第一家进入上海的外省保安公司。我们为什么能在上海立足？因为他们知道这家公司来自山东曲阜，孔老夫子家乡的人做人厚道，做事认真，所以，我们得到了充分的认可。因为我们坚持诚实守信，所以，华威才有 25 年后的今天，这是华威最珍贵的精神财富。

孔子思想的核心是"仁"，仁者爱人。一个人的仁爱之心并非是生来就有的，而是从小受家庭、社会、单位教育培养熏陶的结果。一个企业与一个家庭是一样的，但家庭是靠血缘关系维系的。而一个单位、一个企业靠什么能够把大家凝聚在一起？总结我们 25 年所做的事情，除了对广大员工进行经常性的理想信念、人生观、价值观教育之外，我们还做了两件事。第一件事是成立了职工互助基金会，这个基金会已经有 20 多年了。我们每名员工每个月都从工资中拿出 5 元钱放到基金会里，由基金会统一管理，统一使用。这个基金有两种用途，一是向特别困难的员工进行救助；二是为困难员工提供临时性借款。我们主要是想通过互助基金这种形式培养员工之间仁爱互助的精神，形成华威的企业文化，从而增强企业的凝聚力和向心力。第二件事是华威的"爱心鸡蛋工程"。"爱心鸡蛋工程"是华威发起的一项公益慈善行动，最早由华威的首席经济顾问陈湛匀教授提出。陈教授跟我说，华威要把公益事业列为一项重要工程，他建议将"爱心鸡蛋"作为华威的一项爱心工程来做。我采纳了他的建议，由我们俩共同发起，成立了爱心基金会，要求每名员工每月至少拿出 1 元钱捐献给爱心基金会。这样，每年可筹集到两三万元的捐款。2010 年以来，基金会共收到爱心捐款 20 余万元，先后向曲阜市的 10 个乡镇 82 所小学发送"爱心鸡蛋"共计 15000 余千克。鸡蛋虽小，意义很大。对于员工来说，通过这种形式，培养了他们关爱他人、乐善好施的爱心意识。同时，通过这种活动，让社会形成对儿童健康的关心和关注。这项"爱心鸡蛋工程"我们已经持续开展了8年。

"义"是儒家思想的重要内涵。在商业交往中，是以义为重，还是以利为重？坚持以义为重，重义轻利，先义后利是儒家所崇尚的经营思想。孔子曰："君子喻于义，小人喻于利。"也就是说，在义和利的问题上，君子重义，小人重利。我以为，华威的成功之道，在于我们遵从了儒家提倡的重义轻利、先义后利的义利观。我经常教育各级管理人员，在与朋友、客户的交往中，要将客户利益放在前头，为客户着想。与客户打交道时，要先交好朋友，再谈生意。要想用户之所想，急用户之所需。正是由于我们这么多年始终坚持具有儒家文化底蕴的经营理念，华威的客户才不断增加，华威的事业才不断发展壮大。曾有这样一件事让我记忆犹新。20世纪90年代末，曲阜地毯厂是我们最早的老客户之一，后来因市场和经营问题濒临破产。他们当时虽然工资都发不出去，但仍然聘用保安且正常付保安费。当时，我们正在普遍上调保安费标准，考虑到该厂的经营状况，我们主动提出暂不调整地毯厂的保安费，并且通过减岗的方式降低了保安费，厂领导十分感动，表示厂里经营状况一旦好转，一定把保安费提上来。华威是做保安行业的公司，保安人员承担着保护客户、业主及人民群众人身、财产安全的重任。保安人员必须要具有关爱他人、见义勇为、乐于奉献、助人为乐的爱心精神。所以，这么多年来，华威员工拾金不昧、勇斗歹徒、救助他人等好人好事层出不穷，我们每年都能收到大量锦旗、表扬信。好多客户跟我说，通过华威员工，我们看到了你们是一家了不起的公司，把安全交给你们，我们放心。华威25年所走过的发展轨迹，无不与仁义相关。可以毫不夸张地说，是仁义成就了华威，华威才成长为"仁义之师"。

为什么我们要把"立己达人"列为价值观的组成部分呢？"仁义诚信"这四个字比较容易理解，而"立己达人"多数人可能不大理解它的内涵。这四个字出自《论语》"己欲立而立人，己欲达而达人"。简单地说，就是你自己想取得成功，也要帮助别人取得成功，与"己所不欲，勿施于人"的道理一样。"立己达人"是教导人们在待人处事时一定要设身处地地为他人着想，不能只站在自己的角度处处为自己着想。要想自己得到利益，首先要考虑对方的利益，正所谓利人才能利己。要想自己的事业取得成功，就应该让他人先取得成功。试想，如果没有华威那么多人的成功，能有华威的成功吗？如果没有华威的成功，能有荀金庆的成功吗？正是我培养了那么多华威事业的大小成功者，才有我今天的荣耀。"立己达人"是处理人与人关系的最高境界，也是人生所应该追求的理想和信念，这与我们所倡导的先人后己、敬业奉献的社会主义核心价值观是一脉相承的。将"立己达人"确立为华威核心价值观，是华威精神的升华。

三、如何践行核心价值观

我们确定了华威的核心价值观，其目的不是对外宣传，也不是让大家去空背几句《论语》，而是要让我们华威员工在实际工作和生活中踏踏实实地去践行核心价值观。我以为，践行好核心价值观要从以下几个方面做起。

一是要加强对广大员工的学习和教育，把核心价值观理念融入员工思想中。要使核心价值观在企业中得到很好的贯彻和落实，首先要让广大员工真正理解和掌握核心价值观的深刻内涵，深刻领会核心价值观的精神实质，让核心价值观深入员工的思想中，成为员工行为的指南和准则。组织员工进行核心价值观的学习教育，不是一朝一夕的工作，而是要长期坚持，持之以恒。"仁义诚信，立己达人"的核心价值观要年年讲、月月讲、天天讲。每一名员工不但要会背，而且要能讲清其内涵。《华威文化手册》中，我们把核心价值观和经营理念都编进去了，而且作了准确的释义，让大家学习和理解。

二是要着力抓好核心价值观的贯彻和落实，让核心价值观成为指导员工自觉行动的指南和思想灵魂。抓好核心价值观的贯彻落实，要突出抓住以下三点。首先，在我们的经营工作中，要坚持以客户为中心的理念，以仁义之心去服务好客户。客户是我们的衣食父母。我们想想看，一个企业，如果没有客户，你为谁服务，又有谁给你创造收入，企业何以生存和发展？所以，我们要爱我们的客户，视客户为上帝，为客户安全和利益尽心尽力、尽义尽责。服务好客户，让客户满意就是对公司最大的爱。我们要做到"君子爱财，取之有道"。在处理客户关系时，要坚持以义为重，重义轻利，先义后利。不能重利而轻义，或者见利忘义，为一点小利而失去义。其次，要坚守"诚信"这条底线。作为一个企业，这是一条生命之线，生存之线，安身立命之线，任何时候，任何情况下都不得逾越。"诚"和"信"这两个字所代表的含义是不同的。诚，就是内心诚实。我们做人做事就是要做到真心诚意，而不是虚心假意，更不能三心二意。有句话叫"心诚则灵"，也就是说无论做什么事，只要心诚，愿望就能实现。信，就是外信于人。言必信，行必果，不能口是心非，言而无信，出尔反尔。最后，要在公司内部员工中，大力倡导仁爱之心，营造华威的大家庭文化环境。20多年来，华威的企业文化建设最大的成功之处就在于我们已形成"家"的文化氛围。家是每名华威成员避风的港湾，是员工遮风挡雨的大厦，在这个大家庭中，每个人都能享受到华威大家庭的温暖和关爱，感受到在华威这个大家庭是幸福的。

三是各级负责同志和管理骨干要带头践行好核心价值观。我们要践行好核心价值观，首先要从各级负责同志和管理骨干做起。每名管理骨干要发挥好模范带头作用，身体力行，身先士卒。践行核心价值观，不能停留在口头上，喊一喊、叫一叫了事，关键是要结合工作实际，抓好服务质量的提升，抓好队伍教育和管理，在提升队伍素质上狠下功夫。孔子曰："其身正，不令而行；其身不正，虽令不从。"这是说，作为一名领导者，必须正人先正己，起到表率作用。

四是要抓好企业文化的落地生根。企业的发展要靠两个实力去支撑：一个是硬实力，也就是资本、产品、科技、规模等；一个是软实力，就是文化。文化所包含的内容很多，如党团组织建设、员工教育和培训、企业制度、形象宣传和塑造、承担社会责任等，都属于软实力。这两个实力构成了企业的综合实力。二者相互支撑，不能一手硬，一手软，要坚持两手抓，两手都要硬。企业文化建设是企业的一项长期任务，是企业安身立命、永续发展的保障，是企业发展的基石，必须持之以恒，常抓不懈，永不停步。企业文化建设永无止境，要不断提升层次和水平，才能使企业保持充分的活力，实现基业长青的目标。

华威全体员工要把握大势，顺势而为，面对危机，增强信心，保持平稳，渡过难关！

（本文写于 2019 年 7 月）

谈幸福观

每当我们提到"幸福"两个字时，总觉得"幸福"像是一种奢侈品。其实，幸福并不是可遇而不可求的，幸福时时都伴随我们的生活，只不过我们没有很好地去品味它，去享受它而已。从生物学角度来说，人是自然界中的一个物种，是智人。不论你出生在什么地方，是城市还是农村；也不论你父母是什么地位，家里是贫穷还是富有，只要上天和父母让我们降临到这个世界上，对于我们来说，这本身就是幸福。对于每一个人来说，关键是要树立正确的幸福观。

首先，要正确地认识和理解什么是幸福。我认为，幸福是一种心灵的感觉，或者叫感受，是一个人自我满足后所表达出来的喜悦，是人们在日常生活和工作中所体会到的快乐。对于一个人来说，幸福不幸福从来没有一个可供参考的衡量标准，因为幸福没有标准，只能靠自己感悟。在现实生活中，我们会遇到各种各样的困难和问题，甚至是天灾人祸。人的一生要经历各种艰难困苦的磨炼和考验，难道他就不幸福了吗？

其次，人要学会控制自己的欲望，才会感觉到幸福。人人都希望自己过得美满幸福，这个愿望无可厚非。但是，人不能欲望太强，不能过于苛求。俗话说，知足常乐。人知道满足才会感觉到快乐。快乐是什么？不就是幸福吗？幸福不幸福其实是通过比较而感觉出来的。但是，如何比较，与谁比较，这个很重要。我认为，要自己与自己比较。自己比过去进步了，有了一份较为稳定的职业和工作单位，工资水平较为合理，年终能拿到奖金，在单位能得到信任与尊重，等等。拿自己的家庭现状与过去比。要经常想着父母一直在为你付出，而他们却没有像你一样享受到幸福；你有一个幸福的婚姻，家人健康，家庭和睦；等等。只有这样比，你才能觉得幸福。追求幸福是每一个人、每一个家庭的本能，但不可脱离实际盲目攀比。现实中，总有些人与这个人、那个人攀比。比如，别人升职比自己快，挣的钱比自己多；人家买的房子比自己大，比自己的好；这个人买了辆什么车，自己还没有；自己的媳妇不如别人的好，长得不漂亮；父母老了，而且常年有病，家庭负担重；等等。因此，这些人总感觉不幸福。这样的攀比，比来比去，这也不满意，那也不顺心，就容易意志消沉，不求上进的情绪就会表现出来。久而久之，这个人就荒废了，就真的失去了得到幸福的机会。

最后，幸福不是天上掉下来的，是靠自己的辛勤劳动创造出来的。人人都知道天上不能掉馅饼的道理。要想得到幸福，就要先付出。舍得舍得，先舍后得，不舍不得；舍得越多，得到的越多，这是天道。为什么说"天道酬勤"？农民种地，要先播撒种子，要浇水、除草、施肥，庄稼才能茁壮成长，最后才能有好收成。工人努力劳动，生产出优质的产品，企业才能有好的收益，才能为员工按时发放工资，这是最简单不过的道理。我们保安也

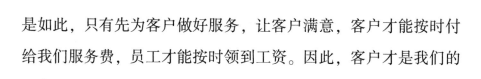

是如此，只有先为客户做好服务，让客户满意，客户才能按时付给我们服务费，员工才能按时领到工资。因此，客户才是我们的上帝。

为什么提出要建设幸福华威

2017年，我们为华威确立的企业愿景是"打造民族品牌，创建幸福华威"。我们把华威的使命确定为"为客户创造平安，为员工谋求幸福"。企业的愿景和使命为华威的未来明确了方向和目标，成为广大员工行动的指路明灯。我经常想，我陪伴华威走过了快30年的历程，那么，我们创办企业的目的是什么？想来想去，我的答案就是让我的员工能获得幸福。员工是企业真正的主人，如果没有他们，企业还有存在的价值吗？华威之所以能发展到八九千人的规模，有600多家客户，是因为有那么多的员工加入华威，有那么多的员工为华威付出真情，才能使华威履行社会责任，为社会作出贡献，从而才有了华威的发展壮大。

如何创建幸福华威

创建幸福华威，不仅是领导的责任，更要靠全体员工的共同参与和努力，才能实现这个宏大的目标。建设幸福华威不是一两年的事情，而是一个长期的战略目标，要长久地坚持下去，广大员工的幸福指数才能不断提升。建设幸福华威不是喊喊口号，做做表面文章，而要从员工所关心的事情做起。

我们建设幸福华威，最主要的目标就是要让广大员工成为幸福员工。那么，如何让员工成为幸福的员工呢？我认为有以下八条衡量标准。一是员工受到尊重，有尊严之感；二是员工能得到关爱，有亲情之感；三是员工无后顾之忧，有安全之感；四是员工收入稳定，有满足之感；五是企业受社会敬重，有自豪之感；六是企业风清气正，有正义之感；七是员工福利较好，有优越之感；八是企业有济世情怀，有社会责任之感。以上八条要真正落实，确实不易，我们距此也还有很大的距离。但是，我相信，只要我们坚持不懈地努力，我们的目标会逐步变成现实。

建设幸福华威，是我终生奋斗的目标，也是我的梦想。愿我们携手共进，为实现华威的美好未来和伟大梦想而努力奋斗！

（本文写于 2022 年 1 月）

迎难而上，勇立潮头

　　站在新的起点上，面对危机与挑战，新时代对民营保安企业提出了新的课题和要求。不断提高保安服务质量，应对百年变局所带来的危机和挑战，守护客户平安，需要我们不断地进行探索和创新。

　　现阶段，民营保安企业的优势是什么？我认为，民营保安企业具备强烈的生存发展欲望和危机意识，市场敏感性强，因此具有顽强的生命力、独立的发展能力、自我革新能力和极强的市场适应能力。民营保安企业具有很强的灵活性和自主性，对市场变化反应灵敏，决策速度快，执行力强，资源配置速度快，效率高。通过不断创新，适应不断变化的市场需求，这是保安服务业能够生存发展的根本原因。

一、转变服务理念，加快转型升级

　　随着时代的发展，客户对于保安服务的要求也越来越高，民营保安业服务意识和理念也要与时俱进，适应不断变化的市场要求。当今保安服务市场依旧存在诸多问题，不同程度的恶性竞争，低价位中标现象，保安员入职门槛低、素质偏低、工资偏低，部分民营保安企业负责人依旧只注重扩大公司规模、增加客户数量、增加分公司数量而不重视保安服务品质，企业投入不够、管理粗放等，所有这些都滞后于客户日益提高的对保安服务水平的要求。华威保安注重转变发展理念，加快企业转型升级步伐，打造华威服务品牌。华威通过巩固传统人防优质项目的支撑作用，聚焦"三区""三线"专业领域安保项目的推进，坚持服务"四化"发展路径，提高企业的盈利能力。我们团结奋进，砥砺前行，努力践行着"为客户创造平安，为员工谋求幸福"的企业使命。

二、以人为本，建设幸福华威

保安服务是通过保安员来实现的，企业经营理念和企业文化也是通过保安员来展现的，保安员应该是我们管理的出发点和落脚点，是保安服务的根本。华威立足企业实际，认真做好调查研究，制定幸福企业创建规划及目标。华威通过"幸福小家"建设，积极改善、提高员工住宿和生活条件，为员工创造良好的工作和生活环境，营造团结、互助、关爱、和谐的家庭氛围。在项目部，华威注重加强员工工作及生活场所的文化氛围建设，配置必要的学习及娱乐设施，丰富员工的业余文化生活；增加员工福利、工资等待遇，通过幸福企业创建规划及目标的制定与实施，让广大员工实实在在地看到企业未来的发展前景，增强企业凝聚力和向心力。

三、加大教育培训投入

不断提升保安员素质，扭转保安员文化素质偏低的现状，一般有两条途径：一是聘用素质较高的保安员，这需要较高的服务费水平作为支撑才能实现；二是加强对保安员教育培训的投入和力度，不断提高保安员服务水平。华威高度重视保安员业务素质、法律法规、政治思想方面的教育培训，制定教育培训计划，采取有趣、有益的培训形式，将教育培训制度化、常态化，常抓

不懈，潜移默化，取得了良好的成效。

四、加强管理人才的储备和培养

保安服务业属于劳动密集型行业，保安人员高度分散在各个项目部，人员流失率较高。以华威为例，集团在全国有近30个子公司、分公司，有8000多名保安队员，十分分散。如何进行有效的监督管理以保证服务品质，这对企业来说是一个巨大的挑战。管理好队伍，培育一大批人品好、业务素质和思想政治素质过硬、可以信赖、踏实肯干、勇于担当的保安管理人才尤为重要。事实证明，一个好的管理者，能够将一个保安驻勤点管理经营得有声有色、井井有条，令客户满意；相反，一个不合格的保安管理者，也会让我们失去一个客户。民营保安企业的管理者应该改变传统的用人观念，任人唯贤、唯能，大胆起用人品好、能干事、干成事的基层员工和年轻员工。同时注重人才的发现和培养，为人才的成长创造良好的条件。

五、创新服务模式，注重"人技结合"的发展模式

对于华威保安集团而言，改革创新一直伴随企业成长，管理创新、运营创新、营销创新……自2018年以来，集团坚持创新引领的发展理念，推进企业转型升级；颠覆传统的运营、营销体制，重新建构市场竞争所需要的组织架构；精兵简政，创新用人机制，打造高效团队。

随着人工智能、"互联网＋"、大数据、云服务等技术突飞猛进的发展，再加上人力资源成本的逐年提高，"人防＋技防"的发

展模式将成为未来保安服务业的主流。早在 1994 年，华威就开启了联网报警和视频监控业务。2017 年，华威整合成立安防科技集团，实现"互联网＋保安服务"，直接对接客户。客户可直接在网上预订购买保安服务，减少中间环节，提高办事效率，这直接应对了保安企业面临的市场对组织调度能力的新要求和新挑战。未来，智能楼控物联、火灾报警运营、防盗报警运营、远程监控、远程对讲、人证识别比对、自然灾害预警、停车物联网管理、野外户外一键求救等科技型安防服务将会更加普及。能不能及时把握住科技安防的潮流，这对民营保安企业来说，既是机遇，又是挑战。

六、积极拓展海外业务，为"一带一路"保驾护航

"一带一路"倡议的提出，为民营保安企业"走出去"提供了新的机遇。经过多年发展，民营保安企业已经具备了走出国门的经营和管理实力，拓展海外业务不再是梦想。多年来，华威致力于海外发展战略，分别于 2014 年、2016 年、2018 年注册设立南非华威雷德保安公司、俄罗斯好护卫有限责任公司、华威国际斯里兰卡安保服务有限公司，为驻外使领馆及中资企业提供安全保障。

新时代给民营保安企业带来了新的机遇和挑战，只要牢记我们的初衷和信念，坚持在追求中奋进，在改革创新中发展，民营保安企业一定会勇立潮头，再创佳绩，成为守护社会安定和谐、人民幸福美好生活的中坚力量。

（本文发表于《中国保安》2021 年第 3 期）

特稿

谦谦君子荀金庆

孔令绍

一个秋高气爽的清晨，我应约到华威商学院讲授家风课。走近大门，"山东华威保安集团股份有限公司"的门牌映入眼帘。自动门缓缓打开，一个如诗如画的办公大院展现在我的眼前。

董事长荀金庆迎面走来。日月如梭，岁月蹉跎，可他依然容光焕发，精神矍铄。线条笔挺的中等个头，肢体上暗潜着内在的坚毅。方方正正的"国"字脸，眉宇间外溢着深厚的智慧。我下意识地往四周一瞅，看到所有工作人员面前都挂着工作牌。转眼一看荀金庆，他的胸前也挂着一模一样的工作牌。

我情不自禁地问道："领导还用戴着这个吗？"

"都一样。"大道至简，他心里流淌着的是骨子里的自然。

体味着他的质朴和真诚，我不由想起了千古名言："夫江河长百谷者，以其卑下也。"

275

他步履轻盈，带我走进院中广场，中央是一尊偌大的孔子半身铜像。他全神贯注，凝视着孔子的眼神，似乎已经浸入孔子的精神世界。

"为什么把孔子像放在中央？"我不禁问道。

他听完立马转到塑像背后，指着底座上的文字，推心置腹地说道："这就是我们的企业理念，是我拟定的，也是我书写的。"

"孔圣之道，吾之根本。仁义诚信，立己达人。儒家文化，兴我华威。崇德修身，基业长存。"他一字一句，很深沉，很凝重。

企业之树何以常青？投资大师巴菲特似乎给出了答案："潮水退去之后，才知道谁在裸泳。"

转过头来，就是巍峨壮观的办公大楼。我由衷地惊叹着："华威，30年了。一路走来，既有晴空，也有霹雳，但你却总是坚韧不拔，披荆斩棘。"

荀金庆低头不语。我问："在想什么？"

"我想起了当初老东门大街上的保安门市部，那时候是真的难啊！"这还真勾起了他的回忆。

那时候的保安门市部，确实有点像胡传魁的部队，"十几个人，七八条枪"。可现在却有了近万人的队伍，几千万元的资产。

"当初与你一起创业的人，现在都咋样了？"我把话茬接上。

"都不错。有的成了公司的领导骨干，有的成了技术骨干，年老的就退休了。"他答道。

"己欲立而立人，己欲达而达人。"他就是这么豁达。

"我的理想就是建设一个幸福华威，我要让我的每一个员工都幸福。"他的自豪感和幸福感油然而生。

接待室落座。一个在心里积压了一二十年的疑问让我不得不问："一个出色的空军飞行教官，转业公安局做了八九年的办公室主任，顺理成章本应成为局级领导，为什么偏偏去干保安？"

荀金庆的心里平静得没有一点儿涟漪："那个局领导为什么就得由你去干，那个保安工作为什么你就不能去干？这里头的结我解开了。孔老夫子的学说里有个'礼'字，它的本质就是'敬'。敬别人，敬规律，敬自然。一个人懂得了礼，就能做到自卑而尊人。"

呀，活脱脱一个仁人君子！他勇敢地走出来，睿智地做起来，正可谓"知者不惑，仁者不忧，勇者不惧"，孔子的"三达德"在他身上体现得淋漓尽致。

"丁零零"，上课的预备铃响了，可我还沉浸在那个谦谦君子的伟岸形象里。

后记

我为华威书华章

华威集团栉风沐雨走过了 30 年的光辉历程，作为亲历者，为之震撼；把一个名不见经传的企业由小到大、由弱到强波澜壮阔的真实场景描绘出来，作为见证者，我为之欣慰。

这里有一个沁人心脾的企业领袖。他作为企业主要领导，不管对谁都不摆谱、摆架子，是一个普通得不能再普通的人；他运筹帷幄，却从不霸道，他与他团队的每一个人都相处得十分融洽；他腹有诗书，却从来不装，不显摆；他待人接物、为人处世没有一丁点儿的水分，大人物小人物跟他相处都觉得舒服，感到放心。这里有一个富有内涵的创业团队。他们之间相互欣赏，相互青睐，相互尊重，取长补短，却从不钩心斗角；他们有谋略，有睿智，有创新精神，带领着他们的员工队伍艰难前行，在市场经济的海洋里叱咤风云、劈波斩浪。这里有一个近万人的庞大员工队伍。他们分布在国内外的各个工作岗位，可永远都是散兵不散；他们恪尽职守，尽职尽责，舍小家为大家，心心念念是企业的发达。为什么一个企业处处都散发着温馨？归根结底，因为他们都是"儒商"！

为这么一个企业著书立说，难道还不能让你感到骄傲和自豪吗？在此，感谢每一位心系华威的同志们、朋友们；感谢张述存先生、陈湛匀先生为本书作序，感谢孔德墉先生为本书题写书名。

作　者

2022 年 9 月